# 《일년일독 성경통독표》 4월~6월

"성경을 역사순으로 통독하면 성경이 보입니다."

## 4월 April

| 날짜 | 순서 | 범위 | 날짜 | 순서 | 범위 | 날짜 | 순서 | 범위 |
|---|---|---|---|---|---|---|---|---|
| 1 | □91 | 삼상 11~12장 | 11 | □101 | 삼하 1~2장 | 21 | □111 | 삼하 23~24장 |
| 2 | □92 | 삼상 13~14장 | 12 | □102 | 삼하 3장~5:5 | 22 | □112 | 왕상 1~2장 |
| 3 | □93 | 삼상 15~16장 | 13 | □103 | 삼하 5:6~6장 | 23 | □113 | 왕상 3~4장 |
| 4 | □94 | 삼상 17~18장 | 14 | □104 | 삼하 7~10장 | 24 | □114 | 왕상 5~7장 |
| 5 | □95 | 삼상 19장, 시 59편 | 15 | □105 | 삼하 11~12장, 시 51편 | 25 | □115 | 왕상 8장 |
| 6 | □96 | 삼상 20~21장, 시 34편 | 16 | □106 | 삼하 13~14장 | 26 | □116 | 왕상 9~10장 |
| 7 | □97 | 삼상 22장, 시 52편 | 17 | □107 | 삼하 15장, 시 3편 | 27 | □117 | 잠 1~5장 |
| 8 | □98 | 삼상 23~24장, 시 57편 | 18 | □108 | 삼하 16~17장 | 28 | □118 | 잠 6~9장 |
| 9 | □99 | 삼상 25~26장, 시 54편 | 19 | □109 | 삼하 18~20장 | 29 | □119 | 잠 10~15장 |
| 10 | □100 | 삼상 27~31장 | 20 | □110 | 삼하 21~22장 | 30 | □120 | 잠 16~20장 |

## 5월 May

| 날짜 | 순서 | 범위 | 날짜 | 순서 | 범위 | 날짜 | 순서 | 범위 |
|---|---|---|---|---|---|---|---|---|
| 1 | □121 | 잠 21~24장 | 11 | □131 | 욥 4~7장 | 21 | □141 | 시 1~2, 4~9편 |
| 2 | □122 | 잠 25~29장 | 12 | □132 | 욥 8~10장 | 22 | □142 | 시 10~18편 |
| 3 | □123 | 잠 30~31장 | 13 | □133 | 욥 11~14장 | 23 | □143 | 시 19~27편 |
| 4 | □124 | 아 1~4장 | 14 | □134 | 욥 15~17장 | 24 | □144 | 시 28~33편 |
| 5 | □125 | 아 5~8장 | 15 | □135 | 욥 18~19장 | 25 | □145 | 시 35~41편 |
| 6 | □126 | 왕상 11장 | 16 | □136 | 욥 20~21장 | 26 | □146 | 시 42~50, 53편 |
| 7 | □127 | 전 1~3장 | 17 | □137 | 욥 22~24장 | 27 | □147 | 시 55~56, 58, 60~66편 |
| 8 | □128 | 전 4~7장 | 18 | □138 | 욥 25~31장 | 28 | □148 | 시 67~72편 |
| 9 | □129 | 전 8~12장 | 19 | □139 | 욥 32~37장 | 29 | □149 | 시 73~78편 |
| 10 | □130 | 욥 1~3장 | 20 | □140 | 욥 38~42장 | 30 | □150 | 시 79~85편 |
| | | | | | | 31 | □151 | 시 86~89편 |

## 6월 June

| 날짜 | 순서 | 범위 | 날짜 | 순서 | 범위 | 날짜 | 순서 | 범위 |
|---|---|---|---|---|---|---|---|---|
| 1 | □152 | 시 91~102편 | 11 | □162 | 왕상 18~19장 | 21 | □172 | 호 5~9장 |
| 2 | □153 | 시 103~106편 | 12 | □163 | 왕상 20~22장 | 22 | □173 | 호 10~14장 |
| 3 | □154 | 시 107~118편 | 13 | □164 | 왕하 1~2장 | 23 | □174 | 욘 1~4장 |
| 4 | □155 | 시 119편 | 14 | □165 | 왕하 3~5장 | 24 | □175 | 왕하 15~16장 |
| 5 | □156 | 시 120~134편 | 15 | □166 | 왕하 6~8장 | 25 | □176 | 왕하 17장~18:12 |
| 6 | □157 | 시 135~142편 | 16 | □167 | 왕하 9~10장 | 26 | □177 | 사 1~3장 |
| 7 | □158 | 시 143~150편 | 17 | □168 | 왕하 11~14장 | 27 | □178 | 사 4~7장 |
| 8 | □159 | 왕상 12~14장 | 18 | □169 | 암 1~5장 | 28 | □179 | 사 8~12장 |
| 9 | □160 | 왕상 15장~16:20 | 19 | □170 | 암 6~9장 | 29 | □180 | 사 13~17장 |
| 10 | □161 | 왕상 16:21~17장 | 20 | □171 | 호 1~4장 | 30 | □181 | 사 18~20장 |

# 1년1독 큐티 성경 통독

# 1년1독 큐티 성경통독 (2)

초 판 1쇄 발행 2014년 3월 10일
6쇄 발행 2025년 3월 21일

지은이 · 조병호
펴낸곳 · 도서출판 **통독원**
디자인 · 전민영

주소 · 서울시 강남구 선릉로 806
전화 · 02)525-7794
팩 스 · 02)587-7794
홈페이지 · www.tongbooks.com
등록 · 제21-503호(1993.10.28)

ISBN 979-11-90540-57-5 04230
979-11-90540-54-4 04230 (전 4권)

# 1년1독 큐티 성경 통독

**2권** 4~6월

조병호 지음

통독원

C·O·N·T·E·N·T·S

## 5월 May



| 날짜 | 순서 | 범위 | 제목 |
|---|---|---|---|
| 1 | 121 | 잠 21~24장 | 마음과 지혜 |
| 2 | 122 | 잠 25~29장 | 악한 길을 피하라 |
| 3 | 123 | 잠 30~31장 | 아굴의 잠언과 르무엘 모친의 잠언 |
| 4 | 124 | 아 1~4장 | 사랑이란 무엇인가? |
| 5 | 125 | 아 5~8장 | 진실한 사랑 |
| 6 | 126 | 왕상 11장 | 하나님을 떠난 솔로몬 |
| 7 | 127 | 전 1~3장 | 인생의 뒤안길에서의 고백 |
| 8 | 128 | 전 4~7장 | 유한인생 무한지혜 |
| 9 | 129 | 전 8~12장 | 사람의 본분을 기억하라 |
| 10 | 130 | 욥 1~3장 | 욥의 고난과 탄식 |
| 11 | 131 | 욥 4~7장 | 욥과 엘리바스의 첫 번째 논쟁 |
| 12 | 132 | 욥 8~10장 | 욥과 빌닷의 첫 번째 논쟁 |
| 13 | 133 | 욥 11~14장 | 욥과 소발의 첫 번째 논쟁 |
| 14 | 134 | 욥 15~17장 | 욥과 엘리바스의 두 번째 논쟁 |
| 15 | 135 | 욥 18~19장 | 욥과 빌닷의 두 번째 논쟁 |
| 16 | 136 | 욥 20~21장 | 욥과 소발의 두 번째 논쟁 |
| 17 | 137 | 욥 22~24장 | 욥과 엘리바스의 세 번째 논쟁 |
| 18 | 138 | 욥 25~31장 | 욥과 빌닷의 세 번째 논쟁 |
| 19 | 139 | 욥 32~37장 | 엘리후의 발언 |
| 20 | 140 | 욥 38~42장 | 하나님의 대답 |
| 21 | 141 | 시 1~2, 4~9편 | 시와 찬미 |
| 22 | 142 | 시 10~18편 | 시와 찬미 |
| 23 | 143 | 시 19~27편 | 시와 찬미 |
| 24 | 144 | 시 28~33편 | 시와 찬미 |
| 25 | 145 | 시 35~41편 | 시와 찬미 |
| 26 | 146 | 시 42~50, 53편 | 시와 찬미 |
| 27 | 147 | 시 55~56, 58, 60~66편 | 시와 찬미 |
| 28 | 148 | 시 67~72편 | 시와 찬미 |
| 29 | 149 | 시 73~78편 | 시와 찬미 |
| 30 | 150 | 시 79~85편 | 시와 찬미 |
| 31 | 151 | 시 86~89편 | 시와 찬미 |

C·O·N·T·E·N·T·S

## 가정예배 Family Worship

# 4

April

April
4/1
91

창세기 말라기

## 사무엘상 11~12장

# 길르앗 야베스 사건과 사무엘의 고별사

**Tong Point** 위기에 처한 길르앗 야베스를 도운 일로 사울은 백성의 신망을 얻었고, 본격적인 왕정이 시작됩니다.

사울이 이스라엘의 왕으로 세워졌지만, 이스라엘은 아직 강력한 중앙집권적 국가를 세우지 못한 상태가 유지되고 있었습니다. 사울도 왕으로서의 역할을 하기보다는 고향으로 돌아가 농사를 짓고 있었습니다. 그러던 사울에게 드디어 기회가 찾아왔습니다. 암몬 사람들이 길르앗 야베스를 침략하러 온 것입니다. 암몬 사람들은 언약을 맺자고 요청하는 길르앗 야베스 사람들에게 "너희 오른 눈을 다 빼야 너희와 언약하리라"(삼상 11:2)라고 하며 위협합니다. 다급해진 야베스의 장로들은 이스라엘 온 지역에 전갈을 보내 급히 도움을 요청합니다. 이 소식을 들은 사울은 곧바로 소의 각을 떠 각 지파에 보내면서 이 싸움에 동참할 것을 요구합니다. 뛰어난 리더십을 발휘하여 모든 지파들을 한마음으로 묶어낸 사울은 암몬과의 전쟁에서 크게 승리합니다. 이 일로 사울은 온 나라의 신망을 얻게 됩니다.

이미 사울 중심의 왕정이 확고해진 이때, 사무엘의 고별사가 시작됩니다. 비록 이스라엘이 원망과 우상숭배로 하나님을 거역하고, 그 위에 왕정을 도입하는 잘못을 더했지만, 사무엘은 다시금 이스라엘에게 하나님만 섬길 것을 당부합니다.

| | |
|---|---|
| **찬양** | 나 맡은 본분은 _ 새 찬송가 595장 〈통 372장〉 |
| **나를 위한 기도** | 오늘도 하나님께서 말씀을 통해 가르쳐주시는 선하고 의로운 길을 걷게 하시고 하나님의 다스림 안에 거하게 하소서. |
| **공동체를 위한 기도** | 교회 공동체를 통해 이웃을 넘어 민족의 아픔에 동참하며 용기 있게 대안을 제시하는 지도자들이 많이 배출되기를 원합니다. |
| **하나님의 마음 알아가기** | |
| **삶으로 실천하기** | |

FAMILY WORSHIP
가정예배

## 사막의 오아시스

**사사기 17~21장, 룻기 1~4장, 사무엘상 1~12장**

**기도로 예배를 시작하세요.**

이 시간, 우리 가정이 모여 하나님께 드리는 이 예배를 기뻐 받아주시고, 예배드리는 가운데 하나님의 마음과 뜻을 깨달아 알 수 있도록 지혜를 주소서.

**함께 찬양을 부르세요.**

"사철에 봄바람 불어 잇고" 새 찬송가 559장(통 305장)

**성경을 소리 내어 함께 읽고 자녀에게 오늘 본문의 통通 이야기를 들려주세요.**

*룻기 4장 13~22절

어머니의 믿음을 물려받은 보아스는 룻과 결혼하여 어두운 사사 시대에도 밝게 빛나는 이야기의 주인공이 되었습니다. 그리고 보아스로부터 중요한 족보가 시작되어요. 바로 이스라엘의 왕이 된 다윗이 보아스와 룻의 후손이었답니다.

**말씀을 통해 알 수 있는 하나님의 마음을 생각하며 함께 마음을 나누어보세요.**

- 보아스는 자기 밭에서 일하는 일꾼들에게 따뜻한 마음으로 인사하는 사람이었습니다. 보아스와 일꾼들이 주고받은 멋진 인사를 살펴봅시다.

- 룻기 4장 21~22절 말씀을 읽고, 보아스와 다윗의 관계를 생각해보아요.

**부모가 자녀에게, 자녀가 부모님께 축복의 말을 나눕니다.**

"하나님께서 당신에게 복 주시기를 원합니다."

**함께 기도하며, 연이어 주님이 가르쳐주신 기도로 예배를 마칩니다.**

어두운 시대에 따뜻한 마음으로 이웃을 사랑하고, 신앙을 꿋꿋하게 지킨 보아스를 본받고 싶습니다. 항상 하나님의 말씀대로 실천할 수 있도록 도와주세요.

April
4/2
92

창세기 말라기

## 사무엘상 13~14장

# 사울의 블레셋 전투

**Tong Point** 사울은 하나님보다 백성의 눈을 의식한 나머지, 스스로 번제를 드리는 죄를 지었고, 이 일은 하나님께 많은 실망을 안겨드립니다.

사무엘이 남긴 간절한 부탁에도 불구하고, 사울은 점점 처음의 마음 자세를 잃어버리고 하나님의 뜻에서 멀어지는 정치를 합니다. 사울이 이스라엘을 다스린 지 2년째 되던 해에 이스라엘은 블레셋과 전쟁을 치르게 됩니다. 해변의 모래같이 많아 보이는 블레셋 군대를 보고 백성들이 두려움에 떨자, 초조해진 사울은 사무엘 없이 스스로 번제를 드리는 죄를 범합니다. 사울은 하나님께 온전한 제사를 드리는 것보다는 단지 하나님의 도움을 받아 전쟁에서 승리하는 것에만 관심이 있었던 것입니다.

사무엘이 하나님의 말씀에 순종하지 않은 사울을 크게 책망했지만, 사울의 행동 그 어디에도 진정한 회개의 흔적은 보이지 않습니다. 오히려 하나님의 마음에서 멀어져만 가는 그의 경솔과 교만은 이스라엘을 향하신 하나님의 뜻과 계획을 가로막는 장애물이 됩니다. 이런 사울에게 사무엘은 "왕의 나라가 길지 못할 것이라 여호와께서 왕에게 명령하신 바를 왕이 지키지 아니하였으므로 여호와께서 그의 마음에 맞는 사람을 구하여 여호와께서 그를 그의 백성의 지도자로 삼으셨느니라"(삼상 13:14)라고 하나님의 뜻을 전합니다.

| | |
|---|---|
| **찬양** | 주께로 한 걸음씩 _ 새 찬송가 532장 〈통 323장〉 |
| **나를 위한 기도** | 초조하고 불안할 때에 나의 인도자요 보호자 되시는 하나님을 온전히 의지함으로 시험에 들지 않게 하소서. |
| **공동체를 위한 기도** | 사울처럼 세상의 평판에 연연하고 권력을 향해 욕심을 갖기보다 하나님의 마음을 먼저 헤아리는 공동체가 되게 하소서. |
| **하나님의 마음 알아가기** | |
| **삶으로 실천하기** | |

창세기 말라기

April
4/3
93

## 사무엘상 15~16장

# 사울의 불순종과 다윗의 기름 부음

**Tong Point** 사울은 아말렉의 진멸을 명하신 하나님의 뜻에 불순종하였고, 하나님께서는 다음 왕으로 다윗을 예선하십니다.

사울이 즉위한 지 20여 년이 지나면서 이스라엘도 강성해졌습니다. 아말렉을 쳐서 모든 소유를 남김없이 진멸해야 하는 사명이 사울에게 주어졌습니다. 아말렉은 이스라엘이 애굽에서 나올 때, 대열에서 뒤처질 수밖에 없는 약자들을 쫓아와 약탈하며 괴롭혔던 족속입니다. 그런데 많은 세월이 흐른 지금까지도 그들은 그 삶의 방식을 여전히 이어가고 있었습니다. 그러자 공의의 하나님께서는 아말렉을 진멸함으로써 그들이 행한 일에 대해 보응하라고 명령하십니다. 그러나 사울은 그들을 진멸하라는 하나님의 말씀에 순종하지 않습니다. 그가 하나님보다 백성들의 눈을 더 두려워한 것입니다. 또한 사울은 이스라엘을 "내 백성"(삼상 15:30)이라고 말하며 하나님의 백성을 자신의 백성으로 여기고 있습니다.

라마로 돌아온 사무엘은 큰 슬픔에 빠집니다. 시대를 향한 근심이요, 사울을 향한 슬픔입니다. 바로 이때 하나님께서 사무엘에게 "언제까지 슬퍼하겠느냐"(삼상 16:1)라고 하시며 다음 왕을 예선하였으니 뿔에 기름을 채워서 베들레헴 사람 이새에게로 가라고 하십니다. 그곳에서 사무엘은 다윗에게 기름을 붓습니다. 이제 사무엘상 16장부터 본격적으로 다윗의 이야기가 펼쳐집니다.

| | |
|---|---|
| **찬양** | 구원으로 인도하는 _ 새 찬송가 521장 〈통 253장〉 |
| **나를 위한 기도** | 하나님을 향한 믿음을 끝까지 지켜나가는 삶이 되도록 하나님의 말씀에 먼저 귀 기울이며 순종하는 주의 자녀가 되게 하소서. |
| **공동체를 위한 기도** | 어두운 시대에 다윗이 하나님의 대안이 되었듯이, 우리 교회가 이 시대에 하나님의 마음을 시원케 하는 공동체가 되게 하소서. |
| **하나님의 마음 알아가기** | |
| **삶으로 실천하기** | |

창세기 말라기

April
4/4
94

## 사무엘상 17~18장

# 다윗의 골리앗 전투 승리와 요나단과의 우정

Tong Point 믿음과 용기로 골리앗을 물리친 다윗. 그런 다윗을 알아본 요나단은 그를 생명처럼 사랑합니다.

아버지와 형들 그리고 사무엘까지도 눈여겨보지 않았던 다윗을 하나님께서는 주목하고 계셨습니다. 아버지의 양을 돌보고 있던 다윗이 아직 베들레헴의 무명 목동으로 있을 때, 나라가 큰 위기에 빠집니다. 엘라 골짜기에서 이스라엘 군대와 블레셋 군대가 벌써 40일째 대치 상태에 있었던 것입니다. 블레셋의 장수 골리앗은 기골이 장대하고 엄청난 위력을 가진 자였습니다. 바로 이때, 아버지의 심부름으로 형들을 만나러 엘라 골짜기에 간 다윗이 그 상황을 보고 골리앗과 맞서기로 결심합니다. 그에게는 하나님의 이름이 모욕을 당해서는 안 된다는 생각이 있었기에 블레셋의 거대한 장수 골리앗을 향해 나아갈 수 있었습니다.

다윗이 가진 무기는 믿음과 용기 그리고 물매, 이렇게 세 가지였습니다. 다윗은 이 무기를 가지고 골리앗을 물리치고, 하루아침에 블레셋과의 전쟁을 승리로 이끄는 주역이 됩니다. 이 일을 계기로 이스라엘의 구국 영웅이 된 다윗은 사울의 딸 미갈과 결혼도 하고, 나라의 군대장관도 됩니다. 그런데 사울이 백성들의 사랑을 한 몸에 받게 된 다윗을 시기하고 경계하기 시작합니다.

| | |
|---|---|
| **찬양** | 이 세상 끝날까지 _ 새 찬송가 447장 〈통 448장〉 |
| **나를 위한 기도** | 거인처럼 다가오는 세상을 향해 하나님께서 주시는 믿음과 용기를 가지고 나아가 능히 승리하는 삶을 살게 하소서. |
| **공동체를 위한 기도** | 골리앗과 대면하여 믿음과 용기로 승리를 거두었던 다윗처럼, 하나님의 이름을 높이며 지켜드리는 공동체가 되기를 원합니다. |
| **하나님의 마음 알아가기** | |
| **삶으로 실천하기** | |

April
4/5
95

창세기 — 말라기

## 사무엘상 19장, 시편 59편

# 사울에게 쫓기는 다윗

**Tong Point** 다윗의 유명세를 시기하여 그를 죽이려 하는 사울을 피해 도망하게 된 다윗은 이제부터 긴 도피생활을 통해 훈련받습니다.

다윗은 골리앗을 무너뜨린 국가 영웅으로서 놀라운 신분 상승을 경험합니다. 그러나 다윗에 대한 사울 왕의 경계심이 깊어져, 급기야 다윗은 사울의 칼과 창끝을 피해 도피길에 오르게 됩니다.

이제부터 사울에게 쫓기는 다윗의 여정이 사무엘상 마지막 장까지 기록됩니다. 사울은 우연을 가장하여 다윗을 죽이려던 계획이 실패하자 왕의 권위를 이용해 다윗을 죽이려 합니다. 다윗은 자신이 왜 도망다녀야 하는지 따져볼 겨를도 없이 목숨을 건지기 위해 도망쳐야 했습니다. 얼마나 위급했으면 다윗의 아내 미갈이 "당신이 이 밤에 당신의 생명을 구하지 아니하면 내일에는 죽임을 당하리라"(삼상 19:11)라고 하며 급히 피하라고까지 했겠습니까. 미갈의 도움으로 간신히 목숨을 구한 다윗은 이제부터 한 치 앞을 예상할 수 없는 도피길에 들어서게 됩니다. 그럼에도 불구하고 다윗은 하나님을 경외하고 찬양하며, 그의 입술로 죄를 범하지 않습니다. "나의 힘이시여 내가 주께 찬송하오리니 하나님은 나의 요새이시며 나를 긍휼히 여기시는 하나님이심이니이다"(시 59:17).

| | |
|---|---|
| **찬양** | 예수는 나의 힘이요 _ 새 찬송가 93장 〈통 93장〉 |
| **나를 위한 기도** | 하나님께서 오늘도 나를 도우시기 위해서 깨어 살피심을 믿고 감사함으로 노래하며 살게 하소서. |
| **공동체를 위한 기도** | 사울에게 쫓기는 신세였음에도 불구하고 하나님을 자신의 힘이시며 요새이시라고 찬양한 다윗의 고백이 우리 공동체의 고백이 되게 하소서. |
| **하나님의 마음 알아가기** | |
| **삶으로 실천하기** | |

창세기 말라기

April
4/6
96

## 사무엘상 20~21장, 시편 34편

# 기도로 여는 하늘문

**Tong Point** 놉 땅을 거쳐 블레셋으로 도망간 다윗은 생명의 위기 앞에서 미친 체하여 생명을 구한 후, 무너진 자존심을 기도로 세워갑니다.

사울의 아들 요나단도 사울의 위협으로부터 다윗의 생명을 지켜줄 수 없었습니다. 그러나 요나단은 자신이 아니라 다윗을 통해서 이스라엘의 왕위가 이어지는 것이 하나님의 뜻임을 인정하고, 도피길에 오르는 다윗과 하나님의 이름으로 언약을 맺습니다.

제사장 아히멜렉이 사울을 피하여 제사장들의 성읍인 놉 땅으로 피신한 다윗을 맞이합니다. 급한 도피길에 무기는 물론, 변변한 먹을거리도 챙기지 못한 다윗은 아히멜렉으로부터 골리앗의 칼과 떡 조금을 얻습니다. 그리고 몸을 피하기 위해서 가드 왕 아기스에게로 갔지만, 아기스의 신하들이 골리앗을 죽인 다윗을 알아보고 아기스에게 다윗의 신분을 알립니다. 이 위기에서 벗어나기 위해 다윗이 택한 방법은 미친 체하는 것이었습니다. 다윗은 이 비참한 상황 중에서도 하나님을 노래합니다. "젊은 사자는 궁핍하여 주릴지라도 여호와를 찾는 자는 모든 좋은 것에 부족함이 없으리로다"(시 34:10). "여호와는 마음이 상한 자를 가까이 하시고 충심으로 통회하는 자를 구원하시는도다"(시 34:18). 다윗은 앞뒤 상황이 꽉 막힐 때마다 이렇게 '기도'로 하늘 문을 열었습니다.

| | |
|---|---|
| 찬양 | 오 놀라운 구세주 _ 새 찬송가 391장 〈통 446장〉 |
| 나를 위한 기도 | 내 입에서 여호와의 이름이 끊이지 않게 늘 자랑하고 찬송하며 살게 하시고 하나님의 구원을 맛보며 살게 하소서. |
| 공동체를 위한 기도 | 생명의 위협 앞에서 어쩔 수 없이 무너져버렸던 자존감을 하늘 문을 여는 기도로 세워갔던 다윗처럼 기도로 하늘 문을 여는 공동체가 되게 하소서. |
| 하나님의 마음 알아가기 | |
| 삶으로 실천하기 | |

April
4/7
97

창세기 말라기

## 사무엘상 22장, 시편 52편

# 사울의 공안정치

**Tong Point** 모압으로 망명갔던 다윗은 유다로 돌아오라는 하나님의 말씀에 순종해 돌아오고, 권력욕에 눈먼 사울의 공안정치는 더욱 심해집니다.

하나님 안에서 자존감을 회복한 다윗은 아둘람 굴에서 자기와 엇비슷한 처지에 놓인 사람들 4백여 명과 더불어 신진정치 세력을 규합합니다. 다윗은 자기 한 몸 돌보기도 어려운 상황이었지만, 이 많은 사람들을 끌어안고 함께 가기로 합니다. 이때 다윗은 동쪽 모압에 공식 망명을 요청하고 모압으로 피신하여 어느 정도 안정을 취하게 됩니다. 그런데 하나님께서는 다윗에게 유다로 돌아오라고 명하십니다. 다윗은 그 말씀에 순종하여 유다로 돌아가 피폐한 국가 상황을 온몸으로 경험합니다.

한편, 다윗과 그의 세력들이 유다로 돌아왔다는 말을 들은 사울은 기브아 높은 곳에서 자신의 신하들을 모아놓고 지파 간에 감정을 유발시키는 발언을 합니다. 이때 에돔 사람 도엑이 사울에게 아히멜렉이 다윗을 도와준 일을 밀고합니다. 그 결과 사울의 칼날에 의해, 놉 땅의 제사장 85명을 비롯하여 남녀노유 및 가축들이 목숨을 잃습니다. 이것은 이스라엘 백성 가운데, 심지어 제사장이라 할지라도 다윗을 도우면 반드시 응징하겠다는 사울의 무서운 권력욕이었습니다.

| | |
|---|---|
| **찬양** | 멀리 멀리 갔더니 _ 새 찬송가 387장 〈통 440장〉 |
| **나를 위한 기도** | 세상의 날카로운 칼날 앞에서 두려워하지 않고 하나님의 인자하심을 따라 의인의 삶을 살게 하소서. |
| **공동체를 위한 기도** | 계속되는 생명의 위협 속에서도 유다로 돌아오라는 하나님의 말씀에 순종했던 다윗을 기억하며 하나님의 말씀을 끝까지 붙드는 공동체가 되게 하소서. |
| **하나님의 마음 알아가기** | |
| **삶으로 실천하기** | |

April
4/8
98

창세기 말라기

## 사무엘상 23~24장, 시편 57편

# 임명권자 하나님

**Tong Point** 군사 3천 명과 함께 자신을 쫓는 사울을 죽일 수 있는 기회가 왔음에도, 다윗은 하나님의 임명권을 존중하여 사울을 살려줍니다.

다윗은 사울에게 쫓기는 와중에도 그일라가 블레셋의 침공으로 위기에 처하자 가서 구원합니다. 그일라는 가나안 땅 정복 후 유다 지파에게 분배된 땅이었습니다. 왕으로서 백성을 돌보아야 할 직무를 유기하고 있는 사울과 뚜렷하게 대비되는 다윗의 이러한 모습은 하나님의 명령에 순종하는 그의 사명감을 드러냅니다. 한편, 사울은 골리앗과 맞붙어서 이길 정도로 다윗의 용기와 실력이 남다른 것을 잘 알고 있었기 때문에 온 이스라엘에서 3천 명을 선발하여 다윗 한 사람을 잡기 위한 특수부대를 조직합니다. 다윗은 사울의 칼끝을 피하여 라마로, 놉으로, 아둘람 굴로, 헤렛 수풀로 계속 옮겨다닙니다.

다윗을 잡으러 엔게디 광야까지 찾아온 사울이 다윗이 숨어 있는 굴로 들어옵니다. 그런데 다행히도 사울은 다윗이 굴 속에 숨어 있는지 모른 채 들어온 것이었습니다. 안도의 숨을 내쉬고 있는 다윗에게 그의 측근들이 "이는 하나님께서 주신 기회이니 사울을 지금 죽이자"라고 제안합니다. 그러나 다윗은 "내가 손을 들어 여호와의 기름 부음을 받은 내 주를 치는 것은 여호와께서 금하시는 것이니 그는 여호와의 기름 부음을 받은 자가 됨이니라"(삼상 24:6)라고 말하며 사울을 살려줍니다.

| | |
|---|---|
| **찬양** | 주를 앙모하는 자 _ 새 찬송가 354장 〈통 394장〉 |
| **나를 위한 기도** | 나에게 은혜를 베푸시고 또 베푸시는 하나님을 향해 나의 마음을 확정하며 주님의 영광을 찬송하게 하소서. |
| **공동체를 위한 기도** | 우리 교회가 하나님의 절대주권을 인정하며 믿음으로 하나님의 때를 기다리는 공동체가 되기를 원합니다. |
| **하나님의 마음 알아가기** | |
| **삶으로 실천하기** | |

fw FAMILY WORSHIP 가정예배

# 다윗 예선전

사무엘상 13~24장, 시편 59,34,52,57편

**기도**로 예배를 시작하세요.

이 시간, 우리 가정이 모여 하나님께 드리는 이 예배를 기뻐 받아주시고, 예배드리는 가운데 하나님의 마음과 뜻을 깨달아 알 수 있도록 지혜를 주소서.

함께 **찬양**을 부르세요.

"주 믿는 사람 일어나" 새 찬송가 357장(통 397장)

성경을 **소리 내어** 함께 읽고 자녀에게 오늘 본문의 **통通 이야기**를 들려주세요.

*사무엘상 17장 41~49절

다윗은 하나님을 모욕하고 이스라엘 백성들을 두려움에 떨게 한 블레셋의 골리앗 장군과 싸워 이깁니다. 다윗은 '전쟁에서 이기고 지는 것은 하나님께 달려 있다'는 멋진 믿음을 가지고, 왕이 되기까지 끝내 믿음을 지킵니다.

말씀을 통해 알 수 있는 **하나님의 마음**을 생각하며 함께 마음을 나누어보세요.

- 다윗은 하나님을 믿는 믿음과 용기 그리고 물매를 가지고 골리앗과의 싸움에서 승리했습니다. 세상에서 승리하기 위해서 우리는 어떤 마음을 가지고 나아갈까요?

- 다윗은 평소에 양떼를 지키기 위해 물매 돌리는 연습을 열심히 했습니다. 우리도 하나님의 선한 일에 쓰임 받을 수 있도록 멋진 능력을 가지기 위해 노력합시다.

부모가 자녀에게, 자녀가 부모님께 **축복의 말**을 나눕니다.

"오늘도 만군의 여호와의 이름으로 나아갑시다."

**함께 기도**하며, 연이어 주님이 가르쳐주신 기도로 예배를 마칩니다.

두려운 상황을 만나도 다윗은 하나님을 향한 믿음으로 나아갔습니다. 다윗처럼 언제나 용기있게 하나님만 믿고 나아가는 믿음의 사람이 되고 싶어요.

April
4/9
99

창세기 — 말라기

## 사무엘상 25~26장, 시편 54편

# 하나님의 테스트

**Tong Point** 사울의 추격은 계속되고, 하나님은 사울을 잠들게 하여 다윗을 시험하시지만, 다윗은 이번에도 사울을 살려주는 믿음의 선택을 합니다.

하나님의 종으로서 이스라엘 백성에게 전심을 다해 말씀을 전했던 사무엘이 삶을 마감합니다. 사무엘은 사울에게 기름을 부어 왕으로 삼았고, 제사장 제도에서 왕정 제도로 변화하는 시대의 중심에 서 있었으며, 사울이 하나님으로부터 멀어지고 다윗에게 왕위가 넘어가려는 격변의 시대를 한 몸에 겪었습니다. 이제 그는 영원한 안식을 취하고, 다윗은 진정 홀로 서야 할 시점을 맞이합니다. 이 무렵 다윗은 지혜로운 한 여인을 아내로 맞아들이게 됩니다. 하나님께서는 나발 사건을 통해 사무엘이 떠난 빈자리를 채워주시며 여전히 그와 함께하십니다.

사울의 추격이 계속됩니다. 그러던 중에 하나님께서는 엔게디 광야 사건에 이어 또다시 십 광야에서 사울을 죽일 수 있는 결정적인 기회를 다윗에게 주십니다. 다윗과 아비새가 밤에 그 백성에게 나아가 보니 사울이 진영 가운데 누워 자고 있었습니다(삼상 26:7). 다윗이 사울의 곁에서 창과 물병을 들고 나올 때까지 아무도 깨어나지 않았던 것은 하나님께서 그들을 깊이 잠들게 하셨기 때문입니다. 이것은 과연 다윗이 임명권자인 하나님을 정말 존중하는가를 보기 위한 하나님의 테스트였습니다.

| | |
|---|---|
| **찬양** | 주 예수님 내 맘에 오사 _ 새 찬송가 286장 〈통 218장〉 |
| **나를 위한 기도** | 나를 도우시는 하나님의 이름을 높여드리며 내 생명을 붙드시는 하나님을 항상 모시고 살게 하소서. |
| **공동체를 위한 기도** | 자신의 생명보다도 하나님의 마음과 입장을 먼저 헤아려드렸던 다윗의 아름다운 모습이 이 시대 교회 공동체 가운데 가득하기를 원합니다. |
| **하나님의 마음 알아가기** | |
| **삶으로 실천하기** | |

창세기 말라기

April
4/10
100

## 사무엘상 27~31장

# 망명지에 들려온 조국의 슬픈 소식

**Tong Point** 다윗이 블레셋으로 망명해간 사이에 이스라엘과 블레셋의 전쟁이 발발하고, 사울의 시대는 막을 내립니다.

사울의 추적을 견디다 못한 다윗이 다시 한 번 블레셋 땅의 가드로 망명을 시도합니다. 이번에는 하나님께서 다윗의 망명을 허락하십니다. 그는 이곳에 1년 4개월 정도 머물며, 블레셋 주변의 소수 민족들을 정벌합니다. 또한 다윗은 가족이 있는 시글락을 침공한 아말렉과 전투를 벌여 그들이 빼앗아갔던 것들을 모두 되찾아오기도 했습니다. 아말렉과의 전쟁에서 승리한 다윗은 이 전투에 참여하지 못하고 남아 있던 사람들과도 전리품을 동일하게 나누고, 유다 성읍 곳곳에도 전리품을 보내어 승리의 기쁨을 함께 나눕니다.

다윗이 블레셋에 망명해 있던 기간에 이스라엘과 블레셋의 전쟁이 시작되었습니다. 이 전쟁으로 사울은 80세에 전쟁터에서 중상을 입고 자살로 생을 마감했고, 사울의 세 아들도 죽었습니다. 블레셋 군인들은 죽은 사울의 목을 베어 블레셋으로 가지고 가고, 사울과 그의 세 아들의 시체를 길보아 산 근처 벧산 성벽에 못 박아 걸어놓습니다. 끝까지 왕위를 움켜쥐고 놓지 않으려 했던 사울의 노력은 결국 이렇게 끝이 나고 말았습니다.

| | |
|---|---|
| **찬양** | 십자가 군병 되어서 _ 새 찬송가 353장 〈통 391장〉 |
| **나를 위한 기도** | 하나님 앞에서 공의로운 삶을 살며 나의 구할 것을 하나님께 아룀으로 선한 응답을 받는 인생이 되게 하소서. |
| **공동체를 위한 기도** | 다윗의 도피 생활이 아무 의미 없는 시간이 아니라, 하나님의 마음에 합한 왕이 되기 위한 훈련의 기간이었음을 깨달아가는 공동체가 되게 하소서. |
| **하나님의 마음 알아가기** | |
| **삶으로 실천하기** | |

April
4/11
101

창세기 ——— 말라기

## 사무엘하 1~2장

# 남유다의 왕으로 추대된 다윗

**Tong Point** 헤브론에서 유다 지파만의 왕으로 추대된 다윗은 평화통일의 때를 기다리며 국가의 기틀을 놓는 데에 주력합니다.

이스라엘은 블레셋과의 전투에서 패배함으로 한 치 앞을 내다볼 수 없는 국가적 위기에 처하게 됩니다. 다윗은 전사한 사울과 요나단을 위하여 슬피 울며 금식합니다. 그리고 사울과 요나단을 위한 슬픈 노래를 지어 유다 지파 사람들에게 따라 부르게 하고, 사울의 명예를 회복시켜 줍니다. 이것은 사울의 출신 지파였던 베냐민 지파를 포함하여 이스라엘 민족 전체를 끌어안으려는 그의 노력이었습니다.

이런 혼란 속에서 사울의 군대장관 아브넬이 열한 지파를 이끌고 사울의 아들 이스보셋을 허수아비 왕으로 내세워 북쪽 마하나임에서 정권을 세웁니다. 그리고 다윗은 헤브론에서 유다 한 지파의 왕이 됩니다. 다윗은 평화통일이 이루어질 날을 기다리며, 국가의 기틀을 놓는 데에 주력합니다. 일례로 다윗은 사울과 요나단의 장례를 치러주었던 길르앗 야베스 사람들에게 상을 베풉니다. 다윗의 입장에서 좁게 보면, 길르앗 야베스 사람들은 자신의 정적(政敵)인 사울을 도와준 사람들인데도 말입니다. 남북으로 나뉜 이스라엘은 7년 반 동안 대치하였지만, 대세는 점점 다윗에게로 향하고 있었습니다.

| | |
|---|---|
| 찬양 | 너희 마음에 슬픔이 가득할 때 _ 새 찬송가 458장 〈통 513장〉 |
| 나를 위한 기도 | 이웃의 아픔과 고난을 나의 것으로 받아들이고 공감할 수 있는 마음을 주시고 회복의 영으로 인도하여 주소서. |
| 공동체를 위한 기도 | 이기적인 욕심과 마음의 조급함보다는 하나님의 경륜의 때를 믿음으로 기다리는 성숙한 공동체가 되게 하소서. |
| 하나님의 마음 알아가기 | |
| 삶으로 실천하기 | |

April
4/12
102

창세기 ——— 말라기

## 사무엘하 3장~5:5

# 다윗의 세 번째 기름 부음과 통일왕조 수립

**Tong Point** 진실한 자세로 정치적 위기를 극복한 다윗은 세 번째 기름 부음을 받고 통일왕국 이스라엘의 왕이 됩니다.

한 민족 두 국가로 7년 6개월의 세월이 흐른 후, 북쪽의 실권자인 아브넬이 열한 지파의 뜻을 모아 다윗에게 실권을 넘겨주고자 헤브론으로 내려옵니다. 드디어 평화롭게 민족통일을 이룰 수 있게 된 것입니다. 그런데 다윗의 군대장관인 요압이 다윗과의 협상을 마치고 돌아가던 아브넬을 암살합니다. 이 사건은 북쪽 열한 지파와 유다 지파가 전쟁으로 나아갈 수도 있는 위기의 형국입니다. 이 상황에서 다윗이 크게 소리를 내어 웁니다. 애가도 지어 부르고, 음식도 먹지 않습니다. 그리고 온 백성과 함께 슬퍼합니다. 그러자 온 백성들은 다윗이 아브넬을 죽인 것이 아니고, 요압이 단독으로 저지른 범행임을 알게 됩니다.

다윗은 사울 왕의 죽음에 대해서는 활 노래를 통해, 아브넬의 죽음에 대해서는 애가를 통해, 이스보셋의 죽음에 대해서는 살해자의 처벌을 통해 온 국민의 마음을 얻으며 진정한 통일왕국 이스라엘을 준비합니다. 드디어 이스라엘의 모든 지파가 헤브론에서 다윗을 왕으로 추대합니다. 하나님께서 20여 년 전 어린 다윗을 왕의 재목(材木)으로 인정하셨다면, 이제 드디어 온 백성이 다윗을 왕으로 인정하게 됩니다.

| | |
|---|---|
| **찬양** | 주의 사랑 비칠 때에 _ 새 찬송가 293장 〈통 414장〉 |
| **나를 위한 기도** | 하나님께서 내 심령에 기름을 부어주셔서 하나님의 자녀로 삼아주신 그 은혜에 늘 감사하며 살아가게 하소서. |
| **공동체를 위한 기도** | 진실한 자세로 정치적 위기를 극복했던 다윗처럼, 이 시대의 위정자들이 나라와 민족 앞에 진실된 정치를 펼쳐갈 수 있기를 원합니다. |
| **하나님의 마음 알아가기** | |
| **삶으로 실천하기** | |

창세기 말라기

April 4/13

# 103

## 사무엘하 5:6~6장

# 예루살렘 정복과 법궤 안치

**Tong Point** 예루살렘을 정복하여 새 수도로 정한 다윗은 그곳에 하나님의 법궤를 옮겨와 하나님을 섬기는 중심지로 세워갑니다.

남북분단을 극복하고 마침내 통일왕국이 세워지자, 다윗은 수도를 옮기려는 계획을 추진합니다. 새 정치를 새 장소에서 출발할 필요가 있었습니다. 다윗이 새 수도로 택한 곳은 바로 예루살렘입니다. 예루살렘은 지리적으로 남북의 중간 지점에 위치하고 있어 국가를 경영하기에도 적합한 곳이었습니다. 다윗은 빼어난 측근 수하들만 데리고 예루살렘으로 들어가는 수구(水口)를 이용하여 단숨에 여부스 족이 차지하고 있던 예루살렘 성을 점령합니다.

예루살렘으로 수도를 옮기는 것이 다윗의 첫 번째 프로젝트였다면, 다윗의 두 번째 프로젝트는 하나님의 궤를 예루살렘 성으로 옮기는 일이었습니다. 다윗은 빼어난 군사 3만 명을 뽑아 동원하고, 좋은 수레도 만들었습니다. 그런데 나곤의 타작마당에서 수레를 끌고 가던 소가 뛰어 하나님의 궤가 흔들리자, 그것을 붙든 웃사가 죽는 사건이 일어납니다. 행사를 중단하고 궁으로 돌아온 다윗은 깊은 고민과 연구 끝에 그 방식이 하나님의 방식이 아니었다는 사실을 깨닫습니다. 석 달 후쯤 하나님의 궤가 머물러 있는 오벧에돔의 집에 복이 임했다는 소식이 들려오자, 다윗은 이번에는 율법에서 정한 방법대로 레위 지파의 고핫 자손들을 모아 법궤를 옮깁니다.

| | |
|---|---|
| **찬양** | 빛나고 높은 보좌와 _ 새 찬송가 27장 〈통 27장〉 |
| **나를 위한 기도** | 내 인생의 중심에 하나님의 이름을 두게 하시고 그 이름을 위하여 나의 전심을 다해 춤추며 살게 하소서. |
| **공동체를 위한 기도** | 왕으로서의 체면과 자존심보다는 하나님의 방식과 마음에 집중했던 다윗의 모습이 교회 공동체 가운데 가득해지기를 원합니다. |
| **하나님의 마음 알아가기** | |
| **삶으로 실천하기** | |

April
4/14
104

창세기 말라기

## 사무엘하 7~10장

# 종이 된 다윗 왕

**Tong Point** 성전 건축을 소원하는 다윗에게 하나님께서는 그의 집을 영원히 보전하시겠다는 약속을 주시고, 감격한 다윗은 종의 기도를 드립니다.

법궤를 옮긴 후 다윗은 평안히 왕궁에 거하게 됩니다. 그런데 바로 그때 다윗의 마음 깊은 곳에 성전을 짓고 싶다는 소원이 생깁니다. 다윗은 선지자 나단에게 이 계획을 밝힙니다. 하나님께서는 다윗의 그 마음을 무척 기뻐하십니다. 그날 밤에 하나님께서는 나단 선지자에게 나타나셔서 다윗에게 중요한 말씀을 전하라 하십니다. 성전은 다윗의 아들이 건축할 것이고, "나는 그의 나라 왕위를 영원히 견고하게 하리라"(삼하 7:13)라는 약속입니다. 다윗의 후손들이 영원히 왕위를 이을 것이라는 놀라운 약속을 주신 것입니다. 다윗은 하나님께 기도하는 가운데 그 자신을 여러 번 종이라고 고백합니다. 그는 당시 백성들이 인정하는 왕이었으나 스스로 하나님의 종이 된 것입니다.

사무엘하 10장은 다윗 시대의 이스라엘이 국제 외교 관계에서 얼마나 높은 위상을 얻게 되었는지를 보여줍니다. 다윗이 어디로 가든지 하나님께서 함께하셔서 이스라엘은 주변의 여러 나라들을 평정할 수 있었습니다. 이는 하나님께서 나단 선지자를 통해 다윗에게 주셨던 "네 이름을 위대하게 만들어 주리라"(삼하 7:9)라는 약속이 국제 정세 속에서 이루어져가고 있음을 보여줍니다.

| | |
|---|---|
| **찬양** | 주의 음성을 내가 들으니 _ 새 찬송가 540장 〈통 219장〉 |
| **나를 위한 기도** | 오늘도 하나님 앞에서 겸손한 종의 모습으로 살게 하시고 온 열방을 향해 축복하며 기도하게 하소서. |
| **공동체를 위한 기도** | 왕이었지만 하나님의 종이기를 더욱 기뻐했던 다윗처럼, 교회 공동체가 하나님의 종으로서 새롭게 출발하게 하소서. |
| **하나님의 마음 알아가기** | |
| **삶으로 실천하기** | |

April 4/15

105

창세기 — 말라기

## 사무엘하 11~12장, 시편 51편

# 우슬초 정결

**Tong Point** 밧세바를 범하고 그 죄를 감추기 위해 우리아를 죽인 악행을 책망 받은 다윗은 하나님 앞에 나아가 무릎을 꿇고 진심으로 회개합니다.

사무엘하 11~18장에는 다윗의 범죄와 그로 인한 하나님의 처벌이 기록되어 있습니다. 어느 날 다윗은 밧세바가 우리아의 아내인 것을 알고도 그를 데려와 범합니다. 그리고 자신의 죄를 감추기 위해 권력을 이용하여 죄 없는 우리아를 죽입니다. 다윗이 이스라엘의 역사상 가장 강성한 국가를 건설할 수 있었던 것은 그가 하나님 앞에서 공의와 정의를 행했기 때문인데, 그가 하나님 보시기에 악한 일을 저지른 것입니다. 다윗이 아무 일도 없었던 것처럼 왕궁에 있을 때, 나단 선지자가 다윗 앞에 나타나 다윗의 잘못을 지적하고 죄에 대한 처벌을 말합니다. 첫째, 다윗의 집에 칼이 끊이지 않을 것, 둘째, 그의 아내를 다른 사람에게 주게 될 것, 셋째, 지금 태어난 아들이 죽을 것이라는 내용이었습니다.

다윗은 나단을 통해 하나님의 책망을 들은 후, 곧바로 자신의 죄악을 인정하고 회개의 무릎을 꿇습니다. 시편 51편에서 '나(내)'라는 1인칭 주어를 무려 32회나 사용할 만큼, 다윗의 회개는 뼈를 깎는 듯한 아픔을 동반한 것이었습니다. 다윗은 하나님께 자신의 죄를 우슬초로 정결하게 씻어 달라고 기도합니다. 다윗의 이런 진실하고도 깊은 회개는 하나님과의 관계가 회복되는 계기가 됩니다.

| | |
|---|---|
| **찬양** | 내 주의 보혈은 _ 새 찬송가 254장 〈통 186장〉 |
| **나를 위한 기도** | 내가 지은 죄를 상한 심령을 가지고 회개하게 하시고 다시금 정결하게 하시는 하나님의 은혜를 맛보게 하소서. |
| **공동체를 위한 기도** | 우리 공동체가 나단의 쓴소리에 더 이상 자신의 죄악을 숨기지 않고 진심으로 회개했던 다윗의 용기있는 모습을 기억하게 하소서. |
| **하나님의 마음 알아가기** | |
| **삶으로 실천하기** | |

fw
FAMILYWORSHIP
가정예배

## 왜 '다윗' 일까요?

사무엘상 25~31장, 사무엘하 1~12장, 시편 54,51편

**기도**로 예배를 시작하세요.

이 시간, 우리 가정이 모여 하나님께 드리는 이 예배를 기뻐 받아주시고, 예배드리는 가운데 하나님의 마음과 뜻을 깨달아 알 수 있도록 지혜를 주소서.

함께 **찬양**을 부르세요.

"주는 나를 기르시는 목자" 새 찬송가 570장(통 453장)

성경을 **소리 내어** 함께 읽고 자녀에게 오늘 본문의 **통通 이야기**를 들려주세요.

*사무엘하 5장 1~5절

다윗은 이스라엘의 왕이 될 때까지 많은 어려움과 고난을 겪었어요. 하지만 끝까지 인내하며 하나님의 때를 기다렸어요. 마침내 다윗은 하나님께서 왕의 기준으로 삼을 만큼 훌륭한 왕이 되어 하나님과 이스라엘의 기쁨이 됩니다.

말씀을 통해 알 수 있는 **하나님의 마음**을 생각하며 함께 마음을 나누어보세요.

- 다윗은 어려운 일을 만날 때 하나님께 기도했어요. 시편 54편을 함께 읽어보아요. 다윗의 고백이 우리의 고백이 되었으면 좋겠습니다.

- 다윗은 왕의 자리에 올라가서도 교만하지 않아서 하나님의 사랑을 더욱 받았습니다. 겸손한 마음과 태도를 갖기 위해 어떤 노력을 해야 할까요?

부모가 자녀에게, 자녀가 부모님께 **축복의 말**을 나눕니다.

"여호와 하나님은 우리의 반석이시요, 우리의 방패시며, 우리의 구원의 뿔이십니다."

**함께 기도**하며, 연이어 주님이 가르쳐주신 기도로 예배를 마칩니다.

하나님께서 믿음과 순종의 사람에게 얼마나 큰 은혜를 베푸시는지 다윗을 통해 배웁니다. 우리도 겸손히 주님께 순종하며 믿음으로 나아가게 해주세요.

April
4/16
106

창세기 ━━━━━━━━━━━━━━━━━━━━━━ 말라기

## 사무엘하 13~14장

# 압살롬의 암논 살해

**Tong Point** 누이 다말을 범한 이복형제 암논에게 분노한 압살롬은 암논을 살해한 후 도망하고, 그 후 3년 만에 예루살렘으로 돌아옵니다.

다윗은 밧세바로부터 얻은 아이를 잃은 슬픔에 이어, 압살롬으로 인하여 형용할 수 없는 아픔을 겪습니다. 다윗의 셋째 아들 압살롬이 다윗의 또 다른 아들 암논을 죽인 것입니다. 이 일의 발단은 2년 전으로 거슬러 올라갑니다. 다윗의 아들 암논은 이복 여동생인 다말로 하여금 수치를 당하게 하고, 다말을 책임지기는커녕 종을 불러 다말을 문밖으로 내쫓습니다. 이에 압살롬이 2년 동안 조용히 기회를 엿보다가 암논을 죽이고 그술로 도망합니다.

압살롬이 그술로 도망한 지 3년이 지났을 때, 다윗이 아들에 대한 그리움을 감추지 못하자 이를 눈치 챈 요압이 드고아의 한 여인을 중재자로 내세워 압살롬을 다윗이 있는 예루살렘으로 오게 합니다. 하지만 압살롬은 예루살렘에 돌아온 지 2년이 지난 후에도 아버지 다윗의 얼굴을 볼 수 없자 다윗의 측근인 요압의 밭에 불을 지르기까지 하면서 아버지 다윗을 만나고 싶어 합니다. 그 결과, 그술로 도망한 지 3년, 예루살렘에 돌아온 지 2년, 총 5년 만에 다윗과 압살롬의 재회가 이뤄집니다. 그러나 입을 맞추고 있는 아버지와 아들의 마음은 서로 달랐습니다. 압살롬의 마음에는 이미 아버지 다윗을 향한 반역의 계획이 영글고 있었던 것입니다.

| | |
|---|---|
| **찬양** | 이 세상 험하고 _ 새 찬송가 263장 〈통 197장〉 |
| **나를 위한 기도** | 가족이 서로를 진심으로 위하고 사랑하게 하시고 신앙의 가정을 이루기 위해 내가 먼저 섬김의 본을 보이며 솔선수범하게 하소서. |
| **공동체를 위한 기도** | 하나님께서 인생들에게 주신 심은 대로 거두게 되는 법칙을 기억하며 아름다운 것들을 심을 수 있는 공동체가 되기를 원합니다. |
| **하나님의 마음 알아가기** | |
| **삶으로 실천하기** | |

April
4/17
107

창세기 　　　　　　　　　　　　　　　　　　　　　　　　　　말라기

## 사무엘하 15장, 시편 3편

# 압살롬의 반역

**Tong Point** 치밀하게 준비된 압살롬의 반역에 놀란 다윗은 황급히 예루살렘을 빠져나오면서도 믿음 가운데 반역군에 대항할 전략을 세웁니다.

압살롬이 아버지 다윗에 대한 반역의 깃발을 높이 치켜듭니다. 오랜 시간 동안 꾸준히 예루살렘과 헤브론을 오가며 민심을 자신의 것으로 만들 만큼 압살롬의 계획은 치밀했습니다. 그는 아버지의 오랜 동지이자 전략가였던 아히도벨까지 포섭하여 만만치 않은 세력을 이루었습니다. 결국 다윗은 압살롬이 예루살렘에 도착하기 전에 황급히 성을 빠져나와야 했습니다. 압살롬은 예루살렘 성을 장악하고, 왕으로 등극합니다. 그러나 아직 반역이 완전히 성공한 것은 아닙니다.

다윗의 도피길에 동행하기 위해 레위 사람들과 제사장들이 하나님의 궤를 메고 좇아옵니다. 그러나 다윗은 하나님의 궤를 돌려보내고 제사장 사독과 그의 아들 아히마아스, 제사장 아비아달과 그의 아들 요나단을 예루살렘에 남겨 놓음으로써 하나님을 향한 믿음과 뒷일을 준비하는 정치가의 노련함을 보여줍니다. 그때 압살롬 세력에 아히도벨이 가담하였다는 청천벽력 같은 소식이 들리자 다윗은 자신의 신하 가운데 아히도벨과 맞먹을 정도로 노련한 정치인 후새를 압살롬 진영에 거짓 투항시킵니다. 당시 최고의 모사였던 아히도벨, 그리고 다윗의 제안으로 거짓 투항한 후새, 이제 이들의 전략 싸움이 압살롬 반역의 성패를 결정하게 됩니다.

| | |
|---|---|
| **찬양** | 아버지여 이 죄인을 _ 새 찬송가 276장 〈통 334장〉 |
| **나를 위한 기도** | 나를 힘들게 하는 가족을 위하여 사랑의 마음으로 기도하게 하시고 다시금 아름다운 관계로 회복하게 하소서. |
| **공동체를 위한 기도** | 아들이 반역하는 그 절박한 순간에도 하나님을 자신의 방패로 고백했던 다윗처럼, 어떠한 어려움에도 하나님을 찬양하는 공동체가 되게 하소서. |
| **하나님의 마음 알아가기** | |
| **삶으로 실천하기** | |

창세기 말라기

April 4/18

108

## 사무엘하 16~17장

# 다윗의 도피

Tong Point 도피 중이던 다윗은 자신을 돕거나 저주하는 두 부류의 사람을 만나게 되고, 압살롬은 아히도벨 대신 후새의 모략을 채택합니다.

예루살렘 왕궁 압살롬의 진영에서는 아히도벨의 모략이 이어지고 있습니다. 그의 전략의 핵심은 '속전속결' 입니다. 그는 자신이 군사 1만 2천 명을 이끌고 가서 다윗 한 사람만 죽이고 오면, 민심이 압살롬에게로 돌아설 것이라고 말합니다. 만일 아히도벨의 계획대로 진행되었다면 다윗은 큰 위험에 빠졌을 것입니다. 그러나 바로 이때 후새가 아히도벨과 정반대의 의견을 냅니다. 백전노장인 다윗을 상대로 섣부르게 군대를 동원했다가는 실패할 수도 있으니, 시간을 두고 대세를 몰아서 천천히 끝을 내자는 작전입니다. 결국 압살롬은 후새의 의견을 채택하게 됩니다.

한편 다윗은 도피길에서 두 부류의 사람들을 만나게 됩니다. 먼저 만난 한 사람은 그동안 겉으로 드러나지는 않았지만 베냐민 왕가의 복원을 꿈꾸며, 아직도 다윗의 정통성을 인정하지 않고 있던 반체제 세력의 우두머리 시므이입니다. 또 다른 사람은 촌로인 바르실래입니다. 바르실래는 어려움에 처한 다윗에게 필요한 것들을 가져다주며 다윗을 위로합니다. 다윗은 아들 압살롬이 일으킨 반역을 피해 도피길에 오르면서 이 두 부류의 사람들을 통해 하나님의 은혜를 입게 됩니다.

| | |
|---|---|
| 찬양 | 나 주의 도움 받고자 _ 새 찬송가 214장 〈통 349장〉 |
| 나를 위한 기도 | 인생에서 후퇴하는 일이 생겼을 때 믿음을 저버리지 않게 하시고 하나님의 은총으로 다시 일어설 수 있는 기회를 주소서. |
| 공동체를 위한 기도 | 우리 공동체가 아히도벨의 지혜가 하나님을 경외함으로부터 오는 지혜가 아닌 어리석은 지혜였음을 기억하게 하소서. |
| 하나님의 마음 알아가기 | |
| 삶으로 실천하기 | |

April
4/19
109

창세기 말라기

## 사무엘하 18~20장

# 다윗의 복귀

**Tong Point** 압살롬의 반역은 실패로 끝나고 다윗은 궁궐로 복귀해 사태 수습에 나서지만, 민족 내의 갈라진 감정의 골은 쉽게 메워지지 않았습니다.

압살롬이 후새의 모략을 선택함으로써 다윗은 시간적 여유를 얻게 되었고, 후새의 의도와 아히도벨의 예견대로 압살롬의 반역은 실패로 돌아갑니다. 압살롬을 발견해도 죽이지 말고 너그러이 대접하라고 한 다윗의 명령에도 불구하고 다윗의 군사령관인 요압이 압살롬을 죽였습니다. 이는 다윗의 의중과는 상관없이 요압이 독단적으로 행동한 것이었습니다. 다윗에게 있어 요압은 없어서는 안 될 중요한 사람이기도 했지만, 다른 한편으로는 자신을 괴롭게 하는 자이기도 했습니다. 다윗이 복귀하는 과정 속에서 다윗이 그토록 어렵게 일구어낸 통일 이스라엘이 서로 분열되고 2만 명이 넘는 사람이 죽습니다. 또한 다윗은 비록 자신을 반역했던 아들이지만 압살롬이 죽었다는 소식에 마음 아파합니다.

다윗이 복귀하자 시므이가 제일 먼저 다윗을 찾아옵니다. 그는 1천 명이나 되는 자신의 추종 세력을 데리고 와서 함께 엎드리며 살려달라고 애원합니다. 다윗은 민족 내의 갈라진 감정의 골을 메우기 위해 자신을 저주한 시므이를 용서하고 그들 모두를 체제 안으로 끌어들입니다. 또한 유다 지파로 하여금 사태 수습에 앞장서도록 함으로써 나라를 다시 견고히 세우고자 합니다.

| | |
|---|---|
| **찬양** | 내 맘이 낙심되며 _ 새 찬송가 300장 〈통 406장〉 |
| **나를 위한 기도** | 뜻하지 않은 어려운 일, 힘든 인간관계가 있다 하여도 무너지지 않게 하시고 주님께서 주시는 지혜와 용기로 승리하게 하소서. |
| **공동체를 위한 기도** | 지파 간의 갈등을 해결하며 민족의 대화합을 꿈꿨던 다윗처럼, 한국 교회가 하나님 중심으로 우리 민족을 하나로 잘 세워가게 하소서. |
| **하나님의 마음 알아가기** | |
| **삶으로 실천하기** | |

April 4/20

110

창세기 말라기

## 사무엘하 21~22장

# 다윗의 노래

**Tong Point** 다윗은 기브온 거민들의 요청을 들어줌으로써 과거 청산을 이루기 위해 노력하고, 자신의 지난 삶을 되돌아보며 하나님을 찬양합니다.

사무엘하 21~24장은 다윗의 인생에서 일어났던 이야기들, 다윗과 함께했던 사람들의 명단, 그리고 다윗이 하나님과 가졌던 교제의 시를 담고 있습니다. 다윗 시대 이스라엘 공동체는 이전부터 내려온 큰 숙제들을 껴안고 있었습니다. 그중 한 가지는 사울의 후손에 대한 기브온 사람들의 한 맺힌 감정이었습니다. 다윗은 국가 지도자로서 양쪽의 입장과 생각을 고려해 지혜로운 처신을 합니다. 그는 진정한 지도자로서 국가공동체 전체를 끌어안을 수 있는 길을 택하는 지혜와 용기를 갖춘 사람이었습니다. 모세가 자신의 삶을 되돌아보며 하나님을 찬양했던 것처럼(신 32장) 다윗 역시 자신의 삶을 되돌아보며 하나님을 찬양합니다.

다윗은 이스라엘에서 가장 강력한 왕권을 세운 왕이었지만, 그 자신의 삶은 많은 고통과 아픔, 그리고 위기의 연속이었습니다. 그 가운데 하나님께서 그를 인도하셨고, 이스라엘의 왕으로서 사명을 감당할 수 있도록 그에게 힘을 주셨습니다. 목동에서 전쟁 영웅이 되는 과정, 사울에게 쫓겨 다녔던 도피 생활, 환난 당한 자들과 함께하며 알게 된 백성들의 고통, 전쟁, 반역 등 이 모든 삶의 과정 가운데 하나님의 전적인 도우심이 있었음을 다윗은 고백하고 있습니다.

| | |
|---|---|
| **찬양** | 주 사랑하는 자 다 찬송할 때에 _ 새 찬송가 249장 〈통 249장〉 |
| **나를 위한 기도** | 내 인생의 반석과 요새가 되어주시는 하나님 앞에서 그 말씀을 전심으로 지켜 행함으로 능력있는 삶을 살게 하소서. |
| **공동체를 위한 기도** | 자신의 인생 전체를 되돌아보며 하나님께 감사와 찬양을 올려드린 다윗처럼, 우리 공동체에 허락하신 하나님의 놀라우신 은총을 기억하게 하소서. |
| **하나님의 마음 알아가기** | |
| **삶으로 실천하기** | |

April
4/21
111

창세기 말라기

## 사무엘하 23~24장

# 다윗의 삶의 자취

**Tong Point** 생을 마감하기 전, 다윗은 마지막 말을 남기고, 인구조사 시행에 대한 잘못을 깨달은 후 진심으로 회개하고 책임지는 자세를 보입니다.

사무엘하 23장은 다윗과 협력하여 하나님의 정의와 공의를 이스라엘 땅에 실현했던 주역들을 소개하고 있습니다. 하나님께서 이렇게 든든한 용사들을 다윗과 함께할 수 있도록 하셨기에 다윗은 많은 전쟁에서 승리할 수 있었습니다. 하나님께서 바라셨던 것은 다윗 한 사람만 하나님의 뜻을 행하는 것이 아니라, 이스라엘 전역에 하나님의 정의와 공의가 실현되는 것이었습니다. 그 기대에 맞게 다윗은 하나님을 경외하며 공의로 나라를 다스렸고, 많은 용사들의 협력을 이끌어냈습니다.

그런데 다윗이 또다시 잘못을 저지릅니다. 말년에 마음이 약해져 자신이 이룬 업적을 과시하고 싶은 마음에 인구조사를 강행한 것입니다. 인구조사에 대한 보고를 받고 나서야 다윗은 자신의 잘못을 깨닫고 후회합니다. 죄를 뉘우친 다윗이 갓 선지자의 말에 따라 아라우나의 타작마당에 단을 쌓습니다. 다윗이 하나님과의 관계를 회복할 수 있었던 이 아라우나의 타작마당에 이후 그의 아들 솔로몬이 성전을 건축하게 됩니다. 그곳은 오래 전 아브라함이 하나님께 독자 이삭을 드리려 했던 모리아 산이기도 합니다.

| | |
|---|---|
| **찬양** | 선한 목자 되신 우리 주 _ 새 찬송가 569장 <통 442장> |
| **나를 위한 기도** | 일의 시작과 마무리를 하는 자리에서 늘 겸손함을 잃지 않게 하시고 끝까지 하나님의 도우심을 구하게 하소서. |
| **공동체를 위한 기도** | 다윗과 함께 하나님의 정의와 공의를 실현했던 주역들이 있었듯이, 우리 교회 공동체 안에 진실된 하나님의 동역자들이 가득하게 하소서. |
| **하나님의 마음 알아가기** | |
| **삶으로 실천하기** | |

창세기 말라기

April
4/22
112

## 열왕기상 1~2장

# 다윗의 유언

**Tong Point** 다윗은 아도니야의 반역을 폐하고 솔로몬에게 왕권을 물려주며 그에게 신앙적 · 정치적 유언을 남긴 후 이 땅에서의 삶을 마무리합니다.

다윗이 그의 생애를 마감하며 아들 솔로몬에게 유언을 남깁니다. 먼저 그는 "힘써 대장부가 되고 네 하나님 여호와의 명령을 지켜 그 길로 행하여 그 법률과 계명과 율례와 증거를 모세의 율법에 기록된 대로 지키라 그리하면 네가 무엇을 하든지 어디로 가든지 형통할지라"(왕상 2:2~3)라는 신앙적 유언을 합니다. 자신과 맺으셨던 하나님의 약속을 아들에게 전해주며 그것이 이스라엘 대대의 비전이 되도록 하고 있습니다.

뒤이어 그는 정치적 유언을 합니다. 첫째, 요압과 시므이를 감시해야 한다고 충고합니다. 시므이는 다윗이 정의와 공의를 행할 때에도 사울 왕정의 복원을 꿈꾸며 체제 도전을 시도했고, 요압은 사사로운 이익에 붙들려 국가의 대사를 그르친 적이 있기 때문입니다. "그의 백발이 평안히 스올에 내려가지 못하게 하라"(왕상 2:6)라는 고도의 정치적인 언어로 그 뜻을 전합니다. 또한 다윗은 피난길에 자신을 도왔던 바르실래의 아들들에게 은혜를 갚으라고 말합니다. 다윗은 솔로몬에게 국가 지도자로 하나님 앞에 바로 서서, 정치적 감각을 가지고 몇몇 사람을 조심하고, 골고루 인재를 등용하며 나라를 튼튼히 세워가라는 유언을 남긴 것입니다.

| | |
|---|---|
| **찬양** | 나의 갈 길 다가도록 _ 새 찬송가 384장 〈통 434장〉 |
| **나를 위한 기도** | 하나님께서 내게 주신 믿음을 잘 간직하며 살게 하시고 훗날 자녀들에게 귀한 믿음의 유산을 남기게 하소서. |
| **공동체를 위한 기도** | 다윗의 유언이 하나님의 공의를 세상에 나타낸 것처럼, 우리 공동체가 신앙계승을 잘 감당하여 하나님의 공의를 온 세상에 드러내게 하소서. |
| **하나님의 마음 알아가기** | |
| **삶으로 실천하기** | |

FAMILY WORSHIP 가정예배

# 천년모범 다윗 왕

**사무엘하 13~24장, 열왕기상 1~2장, 시편 3편**

**기도**로 예배를 시작하세요.

이 시간, 우리 가정이 모여 하나님께 드리는 이 예배를 기뻐 받아주시고, 예배드리는 가운데 하나님의 마음과 뜻을 깨달아 알 수 있도록 지혜를 주소서.

함께 **찬양**을 부르세요.

"예수를 나의 구주 삼고" 새 찬송가 288장(통 204장)

성경을 **소리 내어** 함께 읽고 자녀에게 오늘 본문의 **통通 이야기**를 들려주세요.

*사무엘하 23장 1~7절

다윗은 평생 살면서 기쁠 때나 외로울 때나, 죽을 뻔한 위험을 겪었을 때에도 항상 하나님을 기억했어요. 다윗은 하나님께 찬양과 영광을 돌리며, 하나님께로부터 받은 사명을 충성스럽게 감당했습니다.

말씀을 통해 알 수 있는 **하나님의 마음**을 생각하며 함께 마음을 나누어보세요.

- 인생길을 걸어갈 때, 괴로움을 주는 사람도 만나고 도움을 주는 사람도 만납니다. 우리가 만난 사람들을 떠올려보면서 우리는 어떤 사람이 되어야 할지 나누어보아요.

- 다윗은 아들 솔로몬에게 귀한 유언을 남겼고, 솔로몬은 그 유언을 소중히 간직했어요. 우리는 어떤 유언을 후손에게 남길까요?

부모가 자녀에게, 자녀가 부모님께 **축복의 말**을 나눕니다.

"다윗 왕처럼 하나님을 찬양하며 영광을 돌려드리는 사람이 됩시다."

**함께 기도**하며, 연이어 주님이 가르쳐주신 기도로 예배를 마칩니다.

평생 살아가면서 어려움에 처한 이웃을 만날 때 함께 슬퍼하고 도와주는 사람이 되게 해주세요. 그래서 함께 어려움을 헤쳐갈 수 있게 인도해주세요.

April
4/23
113

창세기 말라기

## 열왕기상 3~4장

# 지혜로운 마음을 구하는 솔로몬

Tong Point 하나님께서는 지혜를 구한 솔로몬에게 부와 영광까지도 더해 주시고, 그 결과 이스라엘은 큰 번영을 누립니다.

다윗의 뒤를 이은 솔로몬은 기브온에서 하나님께 일천 번제를 드립니다. 하나님께서 솔로몬의 꿈에 나타나셔서 원하는 바를 물으십니다. 솔로몬은 하나님의 백성을 옳게 판결할 수 있는 지혜를 구합니다. 아버지 다윗처럼 이스라엘 백성을 '주의 백성'으로 여기며, 아버지의 유언에 따라 하나님의 나라와 의를 위해 고민하는 솔로몬을 보시고 하나님께서는 무척 기뻐하십니다. 이에 하나님께서는 솔로몬에게 그가 구한 지혜에 더하여 부귀와 영광도 주겠다고 약속하십니다.

하루는 두 여인이 한 아기를 놓고 서로 자기가 진짜 어머니라고 싸우는 분쟁이 발생하는데 솔로몬이 이 사건을 지혜롭게 해결합니다. "산 아이를 둘로 나누어 반은 이 여자에게 주고 반은 저 여자에게 주라"라는 판결을 내려 "산 아이를 그에게 주시고 아무쪼록 죽이지 마옵소서"라고 간청하는 이가 진짜 어머니임을 가려낸 것입니다. 다윗이 골리앗이라는 국가 난제를 해결하면서 백성들의 마음을 얻었다면, 솔로몬은 이 사건을 통해 백성들의 큰 신임을 얻게 됩니다. 아버지 다윗은 강한 군사력으로, 아들 솔로몬은 뛰어난 지혜로 이스라엘을 하나님의 나라로 세워갔습니다.

| | |
|---|---|
| **찬양** | 나의 영원하신 기업 _ 새 찬송가 435장 〈통 492장〉 |
| **나를 위한 기도** | 오늘도 하나님께 지혜와 듣는 마음을 구함으로 하나님의 마음에 흡족한 인생을 살게 하소서. |
| **공동체를 위한 기도** | 지혜의 근본이신 하나님께 지혜를 구했던 솔로몬처럼, 우리가 하나님께 지혜를 구하는 복된 공동체가 되게 하소서. |
| **하나님의 마음 알아가기** | |
| **삶으로 실천하기** | |

April
4/24
114

창세기 말라기

## 열왕기상 5~7장

# 성전 건축

**Tong Point** 다윗으로부터 물려받은 튼튼한 기반 위에서 솔로몬은 성전 건축에 착수하고, 7년간 정성스럽게 성전을 지은 후 13년간 왕궁을 건축합니다.

솔로몬은 다윗으로부터 물려받은 정치적, 물질적 유산의 기반 위에서 국가 안정을 이루자, 드디어 성전 건축에 착수합니다. 회막 시대를 종결하고 성전 시대를 여는 것은 이스라엘의 역사에서 매우 중요한 사건이었습니다. 솔로몬은 18만 3,300명의 인원을 동원하여 국제적인 규모의 성전 건축을 시작합니다. 또한 아버지 다윗 때부터 이어왔던 우호관계를 기반으로 두로 왕 히람으로부터 막대한 원조물자도 제공받습니다. 드디어 7년의 긴 공사 끝에 하나님의 성전이 완성됩니다. 이 성전이 세워짐으로 말미암아 시온 성, 곧 예루살렘 성은 이스라엘의 정치적 수도일 뿐 아니라, 종교적인 성지(聖地)로 온 백성들의 중심 도시가 됩니다. 성전 중심사상은 이후 바벨론 포로 시대에도 지속되어 예루살렘은 이스라엘 민족의 고향으로 남게 됩니다.

열왕기상 6장에는 성전 건축 과정이, 7장에는 왕궁 건축 과정과 성전의 내부에 들어가는 기구들에 대한 설명이 기록되어 있습니다. 솔로몬은 7년 동안 성전을, 13년 동안 왕궁을 건축하는 데 집중했습니다. 솔로몬의 모든 지혜와, 당시 최고의 기술자들이 협력하여 지은 건축의 수준이 얼마나 높았을지 짐작해볼 수 있습니다.

| | |
|---|---|
| **찬양** | 내 주의 나라와 _ 새 찬송가 208장 〈통 246장〉 |
| **나를 위한 기도** | 하나님께서 세우신 이 땅의 교회들을 사랑하게 하시고 정성을 다해 섬김으로 하나님의 영광이 임하는 것을 보게 하소서. |
| **공동체를 위한 기도** | 예루살렘 성전 건축을 위해 수많은 땀과 정성이 필요했듯이 우리 공동체가 하나님의 영광을 위해 땀과 눈물을 아끼지 않게 하소서. |
| **하나님의 마음 알아가기** | |
| **삶으로 실천하기** | |

April
4/25
115

창세기 말라기

## 열왕기상 8장
# 성전 낙성식

Tong Point 완공된 성전에 언약궤를 옮기고, 솔로몬은 온 회중 앞에서 이 성전이 열방 모든 민족을 위한 성전이 될 것을 선포하며 기도합니다.

제사장들이 성전 안에 언약궤를 메어다 안치하고 나올 때, 구름이 성전에 가득했습니다. 하나님의 영광이 그곳에 가득했던 것입니다. 이스라엘 백성을 대표하여 솔로몬이 하나님께 기도합니다. 이 기도의 핵심은 성전을 통해 열방이 하나님께 돌아오기를 원한다는 것입니다. 솔로몬은 온 세계 열방이 하나님의 뜻을 알아가는 데에 이 성전이 쓰일 것이며, 이스라엘 백성은 그 일을 책임과 사명으로 인식하겠다고 선언합니다. 식양에 따라 정성을 들여 준공한 성전이지만 눈에 보이는 형식과 건축물 그 자체보다도 그것을 통해 삶 가운데 채워질 내용이 더 중요하다는 사실을 고백한 것입니다.

이스라엘은 '거룩한 백성과 제사장 나라'로서의 사명과 특권을 함께 가지고 열방의 모범이 되어야 합니다. 하나님을 잘 섬기는 자가 얼마나 영화롭게 복을 받는가를 열방에 보여주는 표본이자 복의 통로인 것입니다. 성전 낙성식을 통해 이 사명을 솔로몬과 이스라엘 백성이 받아들이고 있습니다. 성전 건축 후 거행된 낙성식에 제물로 바쳐진 짐승의 수가 총 14만 마리를 넘었습니다. 이 낙성식은 구약성경에 나타난 최초의 성전 봉헌식입니다.

| | |
|---|---|
| 찬양 | 시온 성과 같은 교회 _ 새 찬송가 210장 〈통 245장〉 |
| 나를 위한 기도 | 내가 하나님의 소유, 하나님의 백성임을 기억하게 하시며, 나의 기도를 들으시는 하나님 앞에서 기뻐하며 살게 하소서. |
| 공동체를 위한 기도 | 하나님의 성전은 모든 민족을 위한 성전임을 기억하고 온 열방을 향해 하나님의 영광을 선포하는 공동체가 되기를 원합니다. |
| 하나님의 마음 알아가기 | |
| 삶으로 실천하기 | |

April
4/26
116

창세기 — 말라기

## 열왕기상 9~10장

# 솔로몬의 모든 영화

**Tong Point** 하나님께서는 솔로몬에게 하나님의 법도와 율례를 지킬 것을 당부하시고, 솔로몬의 시대에 큰 은혜와 풍요를 부어주십니다.

솔로몬이 성전과 왕궁을 건축하고 나라의 기반을 다져갈 때, 하나님께서 다시 한 번 솔로몬을 찾아오셔서 그에게 약속을 주십니다. 솔로몬이 성전을 중심으로 하나님 앞에서 의롭게 행한다면 그의 왕위를 영원히 견고히 해주시겠다는 약속입니다. 이스라엘과 좋은 관계를 이어가고 싶은 하나님의 마음이 담긴 약속이었습니다. 그런데 하나님께서는 그들이 하나님을 경배하지 않는다면 비록 이 성전이라 할지라도 던져버리겠다는 중요한 경고도 잊지 않으십니다.

솔로몬 시대는 주변 나라들이 부러워할 만큼 풍요로운 시대였습니다. 그러나 그들이 받은 복은 비단 재물의 풍족함만이 아니었습니다. 지금까지 하나님의 도우심이 한 번도 그들을 떠난 적이 없었습니다. 하나님께서는 애굽에서 종노릇하던 이스라엘을 건져내시어 지금까지 인도하시고 지켜주셨습니다. 그들의 노력으로 인한 것이 아니요, 하나님의 풍성한 은혜였습니다. 또한 솔로몬 시대에 이렇게 큰 풍요를 이룰 수 있었던 것은 그의 아버지 다윗의 노력이 기반되었기 때문입니다. 이제 그 모든 조건을 중심으로 하나님 나라의 율례와 계명과 법도를 열방에 전해야 할 책임이 솔로몬과 이스라엘에게 주어졌습니다.

| | |
|---|---|
| **찬양** | 내 영혼의 그윽히 깊은 데서 _ 새 찬송가 412장 〈통 469장〉 |
| **나를 위한 기도** | 사람의 존귀함이 하나님을 사랑하는 마음으로부터 나옴을 깨닫게 하시고 오늘도 하나님의 계명과 법도를 온전히 지켜 행하게 하소서. |
| **공동체를 위한 기도** | 솔로몬에게 열방을 향한 사명이 있었듯이, 우리 교회 공동체에도 모든 민족을 향한 선교의 사명이 있음을 기억하게 하소서. |
| **하나님의 마음 알아가기** | |
| **삶으로 실천하기** | |

April
4/27
117

창세기 말라기

## 잠언 1~5장

# 지혜란 무엇인가?

**Tong Point** 잠언을 통해 지혜의 비결을 숨김없이 드러내고 있는 솔로몬은 지혜의 원천이 하나님을 경외하는 자세에 있다고 강조합니다.

잠언은 하나님을 경외함으로써 복을 받고 영화로움을 누렸던 솔로몬이 지혜란 무엇인가에 대해 쓴 책입니다. 솔로몬은 '내 아들아' 라는 표현을 자주 사용하면서 인생 경험이 많은 아버지가 앞으로 살아야 할 날이 많이 남은 아들에게 삶의 지혜를 알려주는 형식으로 글을 씁니다. 잠언은 지혜롭지 못한 사람은 자신의 욕망에 갇혀 있다고 말하면서 욕망의 노예에서 지식의 반열로, 지식의 반열에서 지혜의 세계로 나아가라고 권면합니다.

솔로몬은 때로는 엄중하게, 때로는 풍자적으로 지혜를 설명합니다. 그 모든 이야기의 핵심은 바로 하나님을 경외하라는 것입니다. 하나님을 경외하는 것이 이스라엘을 부르신 하나님의 목적입니다. 이를 잘 알고 있는 솔로몬은 백성들에게 다음과 같이 말합니다. "너는 범사에 그를 인정하라 그리하면 네 길을 지도하시리라"(잠 3:6). 일찍이 출애굽한 이스라엘 백성에게 하나님께서 요구하신 것도 "네 하나님 여호와를 사랑하라"(신 6:5)라는 것이었습니다. 솔로몬은 "모든 지킬 만한 것 중에 더욱 네 마음을 지키라"(잠 4:23)라고 충고합니다. 쉽게 변할 수 있는 '마음' 을 잘 지키는 것이 지혜로 나아가는 길입니다.

| | |
|---|---|
| **찬양** | 주 예수 크신 사랑 _ 새 찬송가 205장 〈통 236장〉 |
| **나를 위한 기도** | 하나님을 경외하는 것이 지식의 근본임을 알게 하시고 하나님의 말씀을 내 마음에 깊이 새기는 하루 되게 하소서. |
| **공동체를 위한 기도** | 우리의 마음 중심을 항상 하나님께 두며 지혜의 근본이신 하나님께 집중하는 공동체가 되게 하소서. |
| **하나님의 마음 알아가기** | |
| **삶으로 실천하기** | |

April
4/28
118

창세기 말라기

## 잠언 6~9장

# 지혜의 원리

**Tong Point** 지혜의 주인이시며, 이 세상을 지혜롭게 다스리시는 하나님, 그분과의 깊은 교제를 통해서 진정한 지혜와 만날 수 있습니다.

지혜의 세세한 항목을 전해주는 내용들을 통해 지혜란 생활 속에서 구체적으로 표현되어야 한다는 것을 알 수 있습니다. 솔로몬은 보증을 섰을 때 그 상황에서 스스로 빠져나오도록 권면하고, 게으름에 빠지지 말 것을 당부하며, 사람들에게 해를 끼치는 불량하고 악한 자의 잘못을 지적합니다. 또한 하나님께서 미워하시는 일에 대해 그 길로 가지 말기를 부탁하며, 간음에 대해서도 경고합니다.

잠언이 말하는 지혜는 하나님을 두려워하는 것입니다. 그리고 그와 동시에 하나님을 사랑하는 것입니다. 그러므로 만일 누군가가 하나님을 사랑하는 마음을 잃어버리고 음녀를 사랑한다면, 그에게는 이미 지혜가 떠나버린 것입니다. 특히 잠언 7장은 음녀의 유혹에 넘어가는 어리석은 한 소년을 회화적으로 표현하고 있는데, 이는 결코 그와 같은 어리석음에 빠지지 말라는 당부입니다. 모든 유혹을 단호하게 물리치고 하나님을 경외하는 자세로 모든 일에 근신하는 삶의 태도가 잠언과 성경 전체가 말하는 지혜인 것입니다. 잠언 5장부터 7장까지는 지혜가 없으므로 망하는 자들을 향한 경고였고, 이어지는 잠언 8장은 지혜의 유익을 열거하며 지혜의 세계로 초대하고 있습니다. 하나님께서 행하신 모든 일에는 큰 지혜가 담겨 있습니다.

| | |
|---|---|
| 찬양 | 달고 오묘한 그 말씀 _ 새 찬송가 200장 〈통 235장〉 |
| 나를 위한 기도 | 오늘도 지혜의 근본이시며 주인이신 하나님과 마음껏 교제하며 살게 하시고 주님께서 주시는 지혜로 인생의 집을 짓게 하소서. |
| 공동체를 위한 기도 | 우리 공동체가 지혜의 주인이시며 그 지혜로우심으로 이 세상을 다스리시는 하나님과 더욱 깊은 만남을 갖기 원합니다. |
| 하나님의 마음 알아가기 | |
| 삶으로 실천하기 | |

창세기 말라기

April
4/29

119

## 잠언 10~15장

# 의인의 삶, 악인의 삶

**Tong Point** 잠언은 의인과 악인의 명확한 구별과 대조를 통해, 읽는 이들로 하여금 의롭고 지혜로운 길로 나아올 것을 권고합니다.

솔로몬은 의인과 악인을 대조시키면서 지혜로운 의인의 길로 나아갈 것을 권유하고 있습니다. 의인과 악인을 정확하게 구별함으로써 우리가 지금 어느 자리에 있고 어느 자리에 서야 할 것인가에 대해 질문해보게 합니다. 이어서 의인의 삶의 결과와 악인의 삶의 결과를 분명히 묘사하여 의인으로 살아갈 것을 더욱 강하게 권유합니다. 선을 행하기보다 악을 행하기가 쉽기 때문에 자기도 모르는 사이에 죄악 가운데 놓일 수 있음을 경고합니다. 믿음의 자녀들에게 속임의 저울과 공평한 추, 교만과 겸손, 거짓과 정직으로 인해 빚어지는 다양한 결과들을 미리 알려주어 좋은 길을 스스로 선택할 수 있도록 가르치고 있습니다.

솔로몬은 지혜롭고 선한 사람이 되기 위해서는 부모와 스승의 훈계를 잘 들어야 한다고 말합니다. 겸손하고 인내할 줄 아는 사람, 또 부지런하고 정직하게 자신의 소원을 이루어가는 사람들이 부모와 스승의 교훈에 귀를 기울일 수 있습니다. 잠언은 "여호와를 경외하는 것은 지혜의 훈계라 겸손은 존귀의 길잡이니라"(잠 15:33)라고 교훈합니다. 결국 하나님을 경외하며 겸손하게 나의 마음에 하나님의 말씀을 심을 때, 나의 입술의 말과 마음의 묵상이 더욱 아름다워질 수 있습니다.

| | |
|---|---|
| **찬양** | 아버지여 나의 맘을 _ 새 찬송가 424장 〈통 216장〉 |
| **나를 위한 기도** | 바른 길로 행하며 살 수 있도록 말씀의 지혜와 지식으로 풍성하게 하시고 나를 지켜보시는 하나님의 눈을 의식하게 하소서. |
| **공동체를 위한 기도** | 우리 공동체에 속한 하나님의 모든 백성들이 악인의 삶이 아니라 의인의 삶을 살아가는 지혜로운 길을 선택하게 하소서. |
| **하나님의 마음 알아가기** | |
| **삶으로 실천하기** | |

FAMILYWORSHIP 가정예배

# 솔로몬 이야기

열왕기상 3~10장, 잠언 1~15장

**기도**로 예배를 시작하세요.

이 시간, 우리 가정이 모여 하나님께 드리는 이 예배를 기뻐 받아주시고, 예배드리는 가운데 하나님의 마음과 뜻을 깨달아 알 수 있도록 지혜를 주소서.

함께 **찬양**을 부르세요.

"아버지여 나의 맘을" 새 찬송가 424장(통 216장)

성경을 **소리 내어** 함께 읽고 자녀에게 오늘 본문의 **통通 이야기**를 들려주세요.

*잠언 1장 1~9절

솔로몬은 하나님께 지혜와 함께 상상할 수 없는 부귀영화를 받았습니다. 그러나 점점 마음이 변하여, 하나님을 떠나고 나중에 후회하고 맙니다. 세상의 모든 것을 가졌을지라도 하나님을 향한 믿음과 사랑을 갖지 못하면 헛된 삶이 됩니다.

말씀을 통해 알 수 있는 **하나님의 마음**을 생각하며 함께 마음을 나누어보세요.

- 하나님께서는 당신의 자녀들이 참으로 지혜로운 말과 행동을 하며 살기를 바라십니다. 우리가 하나님의 자녀로서 지혜로운 사람이 되기 위해 가져야 할 태도는 무엇일까요?

- 부모님과의 대화를 통해서 혹은 자녀들과의 대화를 통해서 깨닫게 된 좋은 생각(지혜)이 있습니까? 무엇이었는지 나눠봅시다.

부모가 자녀에게, 자녀가 부모님께 **축복의 말**을 나눕니다.

"여호와를 경외하는 것이 지식의 근본입니다."

**함께 기도**하며, 연이어 주님이 가르쳐주신 기도로 예배를 마칩니다.

하나님께서 성경 말씀을 통해 주시는 귀한 지혜의 말씀을 늘 마음에 새기게 하시고, 우리의 가정이 하나님께서 보시기에 참으로 지혜롭고 복된 가정이 되게 해주세요.

April
4/30
120

창세기 말라기

## 잠언 16~20장

# 지혜를 구하라

**Tong Point** 인생의 참 행복은 소유의 양에 있기보다는 하나님, 그리고 이웃들과 아름다운 관계를 맺어나가는 데 있음을 아는 지혜가 필요합니다.

솔로몬은 "너의 행사를 여호와께 맡기라 그리하면 네가 경영하는 것이 이루어지리라"(잠 16:3)라고 말하며 여호와께 자신의 길을 맡기는 것이 지혜라고 가르칩니다. 그리고 하나님을 경외할 줄 아는 지혜가 사람들 사이의 화목을 이끌어낸다고 말합니다. 하나님께서 주시는 충고의 말씀에 순종하는 사람은 다른 사람과의 관계에서 선을 행할 수 있습니다. 상대방을 자신보다 낫게 여기는 겸손한 마음과 그 사람의 입장에서 말하는 배려의 마음이 있다면 다툼이 생기지 않습니다. 이것이 잠언이 말하는 또 하나의 지혜입니다.

"여호와를 경외하는 것은 사람으로 생명에 이르게 하는 것이라 경외하는 자는 족하게 지내고 재앙을 당하지 아니하느니라"(잠 19:23)라는 말씀은 잠언과 성경 전체가 주는 일관된 교훈입니다. 또한 지혜란 미련한 행동과 악은 피하고 무엇을 행해야 할 것인지 정확히 판단하는 것입니다. 사람의 눈과 귀를 지으신 이가 우리의 말과 행동에 귀 기울이고 계심을 잊지 말아야 합니다. 잠언은 잠자기 좋아하고 자랑하기 좋아하는 자, 말하기 좋아하는 자, 부모를 저주하는 자가 당하게 될 결과도 알려줍니다. 이러한 결과를 직접 경험하기 전에 피하는 것이 곧 지혜입니다.

| | |
|---|---|
| **찬양** | 예수 더 알기 원하네 _ 새 찬송가 453장 〈통 506장〉 |
| **나를 위한 기도** | 나의 부족함을 깨닫고 더욱 부지런히 하나님께서 주시는 지혜와 명철을 구하여 날마다 주의 지혜로 채워지는 경험을 하며 살게 하소서. |
| **공동체를 위한 기도** | 마음의 경영은 사람에게 있어도 말의 응답은 결국 여호와께로부터 나온다는 놀라운 사실을 깨달아가는 공동체가 되게 하소서. |
| **하나님의 마음 알아가기** | |
| **삶으로 실천하기** | |

# 5

May

창세기 말라기

May
5/1
121

## 잠언 21~24장
# 마음과 지혜

**Tong Point** 악인의 형통에 대해 부러워하지 않고, 재물에 대한 헛된 탐심을 이기며, 하나님을 경외함으로 마음의 중심을 채우는 자가 참 지혜자입니다.

하나님께서는 공의로우시며 반드시 불의를 심판하십니다. 이 사실을 진정으로 깨닫고 기억하는 사람은 당장에는 손해를 입는 것처럼 보일지라도 결국 공의를 행할 것입니다. 거짓과 불의가 만연한 것처럼 보일지라도 결국 하나님께서 정의의 편에 서 계신다는 사실을 기억하고 상황에 휩쓸리지 않고 정의를 사모할 수 있습니다. 지혜로운 자는 약한 자를 탈취하지 않으며, 곤고한 자를 압제하지 않습니다. 이처럼 약자를 존중하고 배려하는 사람들은 더 깊은 하나님의 지혜를 보상으로 받기에 충분합니다.

계속해서 잠언은 지혜를 얻기 위해서는 탐심을 버리라고 충고합니다. 탐심에서 벗어난 눈만이 옳고 그름을 정확하게 분별할 수 있습니다. 모든 탐심을 이기며 마음을 지켜 하나님을 경외하는 사람이야말로 진정 지혜로운 사람입니다. 또한 잠언은 악인의 형통을 보고 마음이 흔들려 정직한 길에서 돌아서는 잘못을 저지르지 말라고 가르칩니다. 비록 우리의 눈에 악인이 형통하고 의인이 고난받는 모습이 보일지라도 하나님을 경외하는 지혜자에게는 악을 행하는 미련한 자가 도저히 따라올 수 없는 고귀함이 있기 때문입니다.

| | |
|---|---|
| **찬양** | 주 음성 외에는 _ 새 찬송가 446장 〈통 500장〉 |
| **나를 위한 기도** | 선한 눈과 마음의 정결함으로 나를 다듬어주시고 진리의 확실한 말씀을 깨달음으로 즐거워하는 날이 되게 하소서. |
| **공동체를 위한 기도** | 비록 우리의 눈에 악인이 형통하고 의인이 고난받는 모습이 보일지라도 끝까지 하나님의 공의를 신뢰하며 경외하는 공동체가 되게 하소서. |
| **하나님의 마음 알아가기** | |
| **삶으로 실천하기** | |

May 5/2

122

창세기 말라기

## 잠언 25~29장

# 악한 길을 피하라

**Tong Point** 잠언은 어리석고 미련한 자들의 특징과 그들의 마지막에 대해 설명하며, 그러한 행동에서 돌이키고 경계할 것을 강조합니다.

잠언은 이어서 미련한 자의 특징은 무엇이며 그들의 마지막은 어떠한지, 미련한 자를 어떻게 대해야 할 것인지에 대해 기록하고 있습니다. 미련한 자의 마지막은 패망입니다. 그러므로 지혜 있는 자는 미련한 자의 행동에 요동하지 않고 그들의 편에 서지 말아야 합니다. 계속해서 잠언은 지혜로운 자의 물질관이 어떠해야 하는지를 보여주고 있습니다. 지혜로운 사람은 자신의 재산을 정정당당하게 쌓아가는 것은 물론, 자신의 소유물로 가난한 자의 형편을 살필 줄 아는 사람입니다.

솔로몬의 잠언은 그 마지막 부분에서 어리석은 교만을 경계하며 겸손할 수 있는 지혜를 가르쳐주고 있습니다. 그것은 단지 입의 말로 스스로를 낮추는 것만이 아니라 가난한 자, 낮은 자와 함께하는 삶의 양식입니다. 특히 지도자의 어리석음과 지혜로움은 자신의 삶뿐만 아니라 주변에까지 영향을 미칩니다. 왕은 공의로 나라를 견고하게 하고, 백성은 의로움으로 가난한 자를 돌아보며, 관원은 정직하고, 부모와 자식의 관계가 율법 아래에서 바로 세워지는 모습이 지혜를 통해 그려지는 잠언의 풍경화입니다.

| | |
|---|---|
| **찬양** | 귀하신 주여 날 붙드사 _ 새 찬송가 433장 〈통 490장〉 |
| **나를 위한 기도** | 윗사람을 존중하는 마음과 부지런한 모습으로 충실한 삶을 살게 하시고 하나님을 의지함으로 안전한 하루 되게 하소서. |
| **공동체를 위한 기도** | 우리 공동체와 공동체에 속한 모든 인생들이 정당한 방법으로 재물을 가난한 자를 살피는 일에 사용하게 하소서. |
| **하나님의 마음 알아가기** | |
| **삶으로 실천하기** | |

창세기 말라기

May
5/3
123

## 잠언 30~31장

# 아굴의 잠언과 르무엘 모친의 잠언

**Tong Point** 아굴은 자연에 대한 깊은 통찰을 통해 하나님의 존재를 말하며, 르무엘의 어머니는 왕의 도리를 교훈합니다.

잠언 30장을 쓴 야게의 아들 아굴이 어떤 사람인지 정확한 기록은 없지만, 그는 자연이 돌아가는 이치에 대한 깊은 통찰을 가지고 하나님의 존재를 깨달았던 사람으로 보입니다. 자신의 부족과 무지함에 대한 고백으로 시작되는 아굴의 잠언은 특별히 인간사에서 빚어지는 갖가지 선하지 않은 일들이 바로 하나님에 대한 무지와 교만에서 비롯된 것임을 강조하고 있습니다.

잠언 31장의 말씀은 르무엘의 어머니가 한 나라의 왕인 자신의 아들에게 주는 교훈의 내용입니다. 르무엘의 어머니는 왕인 자신의 아들이 누리는 혜택과 아울러 왕의 도리와 책임이 어떠한 것인지 잘 알고 있었습니다. 또한 르무엘이 왕으로서 정치를 잘 펼 수 있도록 아내의 지혜가 필요하다는 사실도 언급합니다. 잠언은 "누가 현숙한 여인을 찾아 얻겠느냐 그의 값은 진주보다 더 하니라"(잠 31:10)라는 말로 현숙한 여인을 맞이하는 것은 진주보다 더 귀한 보물을 차지하는 것이라 가르쳐주고 있습니다. 아내의 조언이 남편의 길을 올곧게, 혹은 굽게도 인도할 수 있기 때문입니다. 르무엘 왕의 어머니가 아들을 위해 남긴 조언이 매우 귀합니다.

| | |
|---|---|
| **찬양** | 나의 사랑하는 책 _ 새 찬송가 199장 〈통 234장〉 |
| **나를 위한 기도** | 그리스도인으로서 먹고 마시는 것을 잘 조절하게 하시고 오직 하나님을 경외함으로 칭찬 받는 인생이 되게 하소서. |
| **공동체를 위한 기도** | 잠언의 말씀을 통해, 하나님을 경외하는 지혜가 우리의 삶과 우리 주변의 삶을 풍요롭게 만들 수 있음을 깨닫게 하소서. |
| **하나님의 마음 알아가기** | |
| **삶으로 실천하기** | |

May
5/4
124

창세기 말라기

## 아가 1~4장

# 사랑이란 무엇인가?

**Tong Point** 솔로몬의 아가는 솔로몬과 술람미 여인의 순결하고도 강렬한 사랑을 통해 인생들을 향하신 하나님의 사랑을 노래합니다.

아가는 '노래들 중의 노래' 또는 '가장 아름다운 노래'를 의미합니다. 아가는 솔로몬과 술람미 여인 사이에서 이루어진 순결하고도 아름다운 사랑을 보여주고 있습니다. 솔로몬의 아름답고 애절한 사랑 노래를 통해 서로를 향한 사랑의 마음이 얼마나 풍성한지를 볼 수 있습니다.

아가가 말하는 사랑은 한계를 넘어서는 것입니다. 사랑에는 장벽이 없습니다. 이스라엘 역사상 최고의 번영을 구가했던 왕인 솔로몬과 향촌 처녀의 사랑은 참으로 진한 감동을 자아냅니다. 진정한 사랑은 서로에 대한 집중입니다. 서로에게 집중할 때 그 주변에 있는 모든 것은 보이지 않거나, 희미하게 보일 뿐입니다. 상대를 향한 집중은 상대방의 존재와 가치를 최고로 인식하게 만듭니다. 또한 사랑은 상대에 대한 세밀한 관심과 배려입니다. 솔로몬은 사랑하는 연인의 단잠을 깨우지 말 것을 부탁하고 있습니다. 상대방의 기쁨과 행복을 위해 배려하고 주의를 기울이는 것이 자신의 기쁨입니다. 또한 사랑은 서로 동행하는 것입니다. 함께 같은 곳을 바라보며 함께 발걸음을 내딛는 데에 기쁨이 있습니다. 솔로몬의 아가를 통해 우리는 인생들을 향하신 하나님의 사랑을 느낄 수 있습니다.

| | |
|---|---|
| **찬양** | 하나님 사랑은 _ 새 찬송가 299장 〈통 418장〉 |
| **나를 위한 기도** | 하나님을 사랑하되 온 마음과 뜻과 힘을 다해 집중하여 사랑하게 하시고 나와 동행하시는 하나님을 항상 경험하게 하소서. |
| **공동체를 위한 기도** | 사랑은 서로를 향한 집중임을 기억하며 우리 인생들을 사랑하시는 그 하나님께 깊이 집중하는 복된 공동체가 되기를 원합니다. |
| **하나님의 마음 알아가기** | |
| **삶으로 실천하기** | |

창세기 말라기

May
5/5
125

## 아가 5~8장

# 진실한 사랑

**Tong Point** 꾸밈없이 진실하며 서로를 하나되게 하는 참 사랑은 그 어떤 것과도 바꿀 수 없으며, 죽음보다도 더 강한 힘을 가지고 있습니다.

사랑은 서로의 허물을 덮는 것입니다. 술람미 여인을 향한 솔로몬의 사랑은 여인을 순전하고 어여쁘게, 그리고 흠이 없어 보이게 합니다. 사랑은 서로에게 속하는 것입니다. 상대방을 향한 집중은 서로를 깊이 사랑하게 하고 마침내 서로를 서로에게 속하게 만듭니다. 사랑하는 사람은 더 이상 타인으로 머물지 않습니다. 같이 아파하고 같이 기뻐할 수 있는 존재가 되는 것입니다. 사랑은 죽음까지도 이기는 것입니다. 솔로몬과 술람미 여인은 결코 끊어질 수 없는 사랑에 도달합니다. 그 사랑에는 상대를 소중히 여기는 마음이 담겨 있으며 서로에 대한 강한 책임감이 있습니다. 그 사랑은 그 어떤 것과도 바꿀 수 없으며 죽음보다도 더 강합니다. 이것이 사랑의 힘입니다. 서로를 향한 진실한 사랑은 세상의 어떤 장애물이라도 극복할 수 있습니다.

아가서에 흐르는 이 사랑은 성경 전체에 흐르는 하나님의 사랑, 특히 인생들을 향한 사랑과도 같습니다. 독생자를 보내시기까지 베푸신 사랑, 자신의 생명을 다 주시기까지 희생하신 큰 사랑, 누구도 끊을 수 없어서 지금 우리에게까지 전해져 내려오는 그 사랑, 바로 우리 하나님의 사랑입니다.

| | |
|---|---|
| **찬양** | 주 없이 살 수 없네 _ 새 찬송가 292장 〈통 415장〉 |
| **나를 위한 기도** | 독생자를 주시기까지 아낌없는 사랑을 베풀어주신 하나님의 완전하신 사랑에 늘 감사함으로 살게 하소서. |
| **공동체를 위한 기도** | 그 어떤 것과도 바꿀 수 없으며 죽음보다도 더 강한 것이 사랑임을 기억하며, 온 세상을 향해 하나님의 사랑을 흘려보내는 공동체가 되게 하소서. |
| **하나님의 마음 알아가기** | |
| **삶으로 실천하기** | |

May
5/6
126

창세기 ― 말라기

## 열왕기상 11장

# 하나님을 떠난 솔로몬

**Tong Point** 하나님을 떠나 중심을 잃고 흔들리는 솔로몬으로 인해 예루살렘엔 우상의 산당들이 세워지고 나라는 분단의 위기에 처합니다.

솔로몬이 이스라엘을 통치한 40년은 크게 두 시기로 구분됩니다. 전기는 솔로몬이 왕위에 오른 후 내각 정비(3년), 성전 건축(7년), 왕궁 건축(13년)을 마치기까지의 약 23년간입니다. 이 시기 솔로몬의 통치를 특징짓는 더 중요한 점은 바로 그가 하나님을 사랑했다는 것입니다. 이 무렵 솔로몬의 행적을 기록한 책이 열왕기서 부분과 아가, 잠언입니다. 그런데 통치 후기에는 '여호와를 사랑하고 그의 아버지 다윗의 법도를 행하던' (왕상 3:3) 솔로몬의 마음이 분산되고 맙니다. 하나님께서 두 번이나 솔로몬에게 나타나셔서 그의 아버지 다윗의 길로 행하며 다른 신을 좇지 말라고 명하셨지만 그의 마음은 돌아오지 않았고, 이제 솔로몬에게 있던 모든 것이 그를 떠납니다.

솔로몬의 신앙은 퇴색되고 이로써 이스라엘의 분열을 야기하는 원인을 제공하게 됩니다. 결국 하나님께서 나라를 남과 북으로 나누고, 다윗의 자손에게는 남유다를 맡기고, 북이스라엘은 여로보암에게 맡기고자 하십니다. 하나님께서는 선지자 아히야를 통해 여로보암에게 북쪽 열 지파를 맡기겠다는 계획을 전하십니다.

| | |
|---|---|
| 찬양 | 온유한 주님의 음성 _ 새 찬송가 529장 〈통 319장〉 |
| 나를 위한 기도 | 나의 마음이 세상의 우상을 향해 돌아서지 않도록 늘 말씀으로 깨어 근신하고 굳건히 서게 하소서. |
| 공동체를 위한 기도 | 외교 정책의 가장 효과적인 방법은 끝까지 하나님을 경외하며 의지하는 것임을 기억하는 우리 민족이 되게 하소서. |
| 하나님의 마음 알아가기 | |
| 삶으로 실천하기 | |

FAMILY WORSHIP 가정예배

# 지혜롭게 살아요

잠언 16~31장, 아가서 1~8장, 열왕기상 11장

**기도로 예배를 시작하세요.**

이 시간, 우리 가정이 모여 하나님께 드리는 이 예배를 기뻐 받아주시고, 예배드리는 가운데 하나님의 마음과 뜻을 깨달아 알 수 있도록 지혜를 주소서.

**함께 찬양을 부르세요.**

"내 갈 길 멀고 밤은 깊은데" 새 찬송가 379장(통 429장)

**성경을 소리 내어 함께 읽고 자녀에게 오늘 본문의 통通 이야기를 들려주세요.**

*잠언 16장 1~9절

솔로몬이 전하는 지혜의 핵심은 바로 '하나님'이예요. 하나님께서는 지혜로운 사람, 하나님을 경외하며 공의와 정의를 행하는 사람에게 마지막 승리를 약속해주시는 분입니다. 항상 하나님의 말씀과 가까이 살아요.

**말씀을 통해 알 수 있는 하나님의 마음을 생각하며 함께 마음을 나누어보세요.**

- 하나님께서는 우리가 모든 사람들과 더불어 화목하게 잘 지내기를 바라십니다. 나와 잘 맞지 않지만, 그러나 함께 마음을 나누고 화해해야 할 사람이 있습니까?

- 하나님께 삶의 경영을 맡기면 하나님께서는 모든 것을 가장 좋은 상태로 이루어주세요. 우리 가정이 하나님의 손길에 맡겨드려야 할 것이 무엇인지 생각해봅시다.

**부모가 자녀에게, 자녀가 부모님께 축복의 말을 나눕니다.**

"하나님께서 당신의 걸음을 인도하시길 축복합니다."

**함께 기도하며, 연이어 주님이 가르쳐주신 기도로 예배를 마칩니다.**

우리의 발걸음을 인도하시는 분이 하나님이심을 믿습니다. 매일 하나님께서 우리의 인생을 경영하심에 감사하며 아름다운 믿음의 열매를 거두는 삶을 살게 해주세요.

May 5/7

127

창세기 말라기

## 전도서 1~3장

# 인생의 뒤안길에서의 고백

**Tong Point** 그 누구보다도 큰 지혜와 부귀영화를 누렸던 솔로몬의 인생 말년, 그 모든 것이 헛되다는 고백이 반복되고 있습니다.

솔로몬이 백성들을 잘 다스리기 위한 지혜를 구했을 때 하나님께서는 그가 구하지 않은 부와 명예도 주겠다고 약속하셨습니다. 그런데 세상의 어떤 왕보다도 큰 지혜와 부귀영화를 누렸던 그가 점차 하나님을 떠나고 말았습니다. 그 결과 그의 말년은 그리 평안하지 못했습니다. 뒤늦게야 하나님을 떠난 모든 것이 헛되다는 것을 깨달은 솔로몬은 후대의 사람들에게 하나님 안에서 바르게 살 것을 가르치기 위해 전도서를 기록합니다.

넘치는 당당함으로 하나님을 경외하는 것이 지혜라고 외쳤던 솔로몬의 목소리는 어느덧 힘없는 노인의 목소리로 바뀌었습니다. 솔로몬은 전도서에서 "헛되다"는 고백을 반복합니다. 즐거움도 헛되고, 인간 지혜에는 한계가 있으며, 모든 일에 때가 있다고 충고합니다. 솔로몬은 스스로 "먹고 즐기는 일을 누가 나보다 더 해 보았으랴"(전 2:25)라고 말합니다. 왕궁에 살면서 인간들이 누리는 모든 즐거움의 끝을 보았지만 만족함을 주는 기쁨을 누렸다고 말할 수 없다는 것이 솔로몬의 고백입니다. 이 모든 것을 경험한 솔로몬은 이제 청년들에게 가장 중요한 조언, 보석 중의 보석 같은 말을 남깁니다. "청년의 때에 너의 창조주를 기억하라"(전 12:1).

| | |
|---|---|
| **찬양** | 어두움 후에 빛이 오며 _ 새 찬송가 487장 〈통 535장〉 |
| **나를 위한 기도** | 모든 일에는 때가 있음을 인정하게 하시고 때를 따라 선하게 인도하시며 섭리하시는 하나님을 경외하게 하소서. |
| **공동체를 위한 기도** | 하나님과 상관없는 세상의 모든 것이 헛된 것임을 기억하고 하나님의 마음과 생각을 좇아 사명을 감당하는 공동체가 되기를 원합니다. |
| **하나님의 마음 알아가기** | |
| **삶으로 실천하기** | |

May
5/8
128

창세기 — 말라기

## 전도서 4~7장

# 유한인생 무한지혜

**Tong Point** 피조물들인 인생들의 삶이 유한함을 인정하고, 무한하신 하나님의 지혜와 절대적 주권을 순종하며 따르는 것이 지혜입니다.

역사를 통해 실패한 사람들의 삶을 들여다보면, 대부분의 인생들이 처음에는 재물과 부를 추구하는 물질주의의 길을 갑니다. 그러다가 그 물질에 대해 어느 정도 만족할 만하면, 향락주의의 길로 들어서서 쾌락과 즐거움을 누리는 데에 시간과 물질을 사용합니다. 그러나 그것도 오래가지 못합니다. 많은 사람들이 물질과 향락의 허망함을 안 후에는 결국 허무주의에 빠져들고 맙니다. 솔로몬은 인류 역사의 그 누구보다도 많은 물질을 가져보았고, 온갖 쾌락과 향락도 부족함 없이 누려보았습니다. 그리고 마지막에는 하나님을 떠난 그 모든 것이 허무하다는 것까지 경험했습니다. 그런 쓰디쓴 깨달음을 얻은 그가 자신이 얻은 교훈을 후대에 전하기 위해 전도서를 쓴 것입니다.

인생에서 최대의 비용을 지출하고 난 후 인생이 무엇인지를 써놓은 책이 바로 '전도서' 입니다. 전도자는 행복한 인생을 살기 위해서 첫째, 선을 행하는 삶을 살며 둘째, 서로 도우며 사는 삶을 살라고 권면합니다. 셋째, 입술을 지키는 사람이 행복하며 넷째, 죽음을 기억하는 사람이 행복하다고 말합니다. 끝으로 어느 한 쪽에 지나치게 치우치지 않는 사람이 행복한 삶을 살 수 있다고 권면합니다.

| | |
|---|---|
| **찬양** | 십자가를 내가 지고 _ 새 찬송가 341장 〈통 367장〉 |
| **나를 위한 기도** | 내 인생의 유한함을 겸손히 인정하게 하시고 하나님의 무한하신 지혜와 주권을 인정하며 살게 하소서. |
| **공동체를 위한 기도** | 한없이 넓고 깊은 하나님의 지혜와 절대적 주권을 순종하며 따르는 교회 공동체가 되게 하소서. |
| **하나님의 마음 알아가기** | |
| **삶으로 실천하기** | |

창세기 말라기

May
5/9
129

## 전도서 8~12장

# 사람의 본분을 기억하라

**Tong Point** 전도자 솔로몬은 이 땅의 모든 것이 헛됨을 기억하고 창조주 하나님을 경외하는 것이 사람의 본분임을 강조합니다.

헛되고 헛되며 헛되고 헛되니 모든 것이 헛되다는(전 1:2) 말씀으로 그의 가르침을 시작했던 전도자가 그의 마지막 교훈을 전하고 있습니다. 모든 인생들은 태어나서 자라고 나이가 듭니다. 노인이 되면, 춥지 않아도 몸이 떨리고, 허리가 구부러집니다. 이가 빠져 딱딱한 음식을 씹기 어려우며, 눈도 침침해집니다. 이른 새벽에 눈이 떠지고, 머리에도 흰머리가 늘어나며, 무거운 짐을 지기 어려워집니다. 곧 "사람이 자기의 영원한 집으로 돌아가고 조문객들이 거리로 왕래하게"(전 12:5) 될 것입니다. 일찍이 "우리의 연수가 칠십이요 강건하면 팔십"(시 90:10)이라고 고백했던 모세의 말처럼, 육체는 흙으로, 영혼은 하나님께로 돌아가는 것이 모든 인생의 마지막입니다.

전도자 솔로몬은 바로 이러한 때가 이르기 전, 즉 청년의 때에 창조주 하나님을 기억하라고 당부합니다. 창조주를 기억하고 그분을 경외하는 것이 피조물인 사람의 본분입니다. 사람이 반드시 기억해야 할 것은 이후에 인생들의 모든 행위와 모든 은밀한 일에 대하여 하나님께서 심판하신다는 사실입니다. 솔로몬은 이 깊은 깨달음 위에 비로소 삶과 죽음을 주관하시는 하나님을 경외하라는 말씀을 전합니다.

| | |
|---|---|
| **찬양** | 가슴마다 파도친다 _ 새 찬송가 574장 〈통 303장〉 |
| **나를 위한 기도** | 세상에서 집착하고 있는 것들을 내려놓고 하나님의 말씀에 집중함으로 해 위의 삶을 누리게 하소서. |
| **공동체를 위한 기도** | 우리 교회가 청년의 때에 창조주 하나님을 기억하며 사람의 본분을 다하는 청년들로 가득하게 되기를 원합니다. |
| **하나님의 마음 알아가기** | |
| **삶으로 실천하기** | |

May
5/10
130

창세기 — 말라기

## 욥기 1~3장

# 욥의 고난과 탄식

**Tong Point** 의인 욥을 향한 사탄의 시험이 시작된 가운데, 욥은 모든 것을 잃은 상황에서도 고난을 허락하신 하나님을 신뢰하는 모습을 보입니다.

욥기의 배경은 족장 시대로, 창세기와 그 시대적 배경이 같으나, 성경 전체의 흐름상 다른 시가서들과 함께 읽는 것이 더 자연스럽습니다. 성경 전체에 면면히 흐르는 주제인 의인의 고난이 이제 욥의 경우를 통해 눈앞의 문제로 대두됩니다. 욥은 "온전하고 정직하여 하나님을 경외하며 악에서 떠난 자"(욥 1:1)라는 평가를 받던 사람입니다. 그런데 그에게 난데없이 큰 슬픔의 사건이 벌어집니다. 모든 재산이 한순간에 날아가고, 그의 자식들마저 한날한시에 모두 죽고 맙니다. 또한 사탄은 욥의 정수리에서 발바닥까지 악성 종기가 나게 합니다. 이미 인내의 한계를 드러낸 욥의 아내는 욥에게 "당신이 그래도 자기의 온전함을 굳게 지키느냐 하나님을 욕하고 죽으라"(욥 2:9)라고 말합니다. 그러나 욥은 하나님께 복을 받은 사람이 재앙을 받을 수도 있다고 하면서 자신의 비참한 현실을 받아들입니다. 성경은 "이 모든 일에 욥이 입술로 범죄하지 아니하니라"(욥 2:10)라고 기록합니다.

진주조개가 모래알 하나를 감싸고 아픔을 참아내면, 시간이 지난 후 결국 놀랍도록 아름다운 진주를 만들게 됩니다. 결국 욥은 논리를 넘어서는 하나님의 섭리에 관하여, 실존적 고난과 영원한 지혜에 관하여 고백하게 될 것입니다.

| | |
|---|---|
| **찬양** | 성령이여 강림하사 _ 새 찬송가 190장 〈통 177장〉 |
| **나를 위한 기도** | 하나님께서 허락하신 훈련의 과정을 잘 감당하며 이 시간들을 통해 하나님의 선하신 뜻을 발견할 수 있는 은총을 허락하소서. |
| **공동체를 위한 기도** | 욥이 모든 것을 잃어버린 상황에서도 고난을 허락하신 하나님을 신뢰했던 것처럼, 우리 공동체가 어떤 고난 앞에서도 하나님을 신뢰하게 하소서. |
| **하나님의 마음 알아가기** | |
| **삶으로 실천하기** | |

May
5/11
131

창세기 말라기

# 욥기 4~7장

## 욥과 엘리바스의 첫 번째 논쟁

**Tong Point** 욥의 친구들은 큰 환난으로 인해 힘들어하는 욥을 찾아왔으나, 엘리바스는 욥을 위로하기보다는 정죄하기 시작합니다.

욥이 당한 환난의 소식을 듣고 찾아온 세 명의 친구들은 처음에는 욥의 처참한 상황을 보고 슬퍼합니다. 그들은 욥의 곤고함이 너무나 극심한 것을 보고 차마 위로할 말을 찾지 못한 채 일주일의 시간을 보냅니다. 일주일이 지난 후, 엘리바스로부터 이야기가 시작됩니다. 그러나 친구들과의 대화는 욥에게 위로가 되지 못합니다. 욥의 친구들은 뜻하지 않은 환난으로 인해 고통 중에 있는 욥의 마음을 이해하지 못했기 때문입니다. 처음 친구들이 찾아왔을 때, 욥은 친구들에게 마음속 깊은 이야기들을 털어놓았습니다. 그러나 욥의 친구들은 심히 곤고한 상황에 처한 욥을 감싸주기보다는 아픈 말로 욥의 고난을 가중시켰습니다.

죄인은 분명 망하는 법이며 악을 심으면 악을 거두게 된다는 지극히 흑백논리적 사고에서 비롯된 엘리바스의 발언은 재 가운데서 홀로 절규하는 욥에게 위로가 되기는커녕 고통을 더할 뿐이었습니다. 그러자 욥은 친구들을 향해 자신을 방어합니다. 엘리바스의 말에 대해 반박을 하면서 욥의 가슴은 더욱 답답했을 것입니다. 결국 욥은 하나님을 향해 자신의 비통함을 표현합니다. 그리고 자신에게 닥친 고난 속에서 구원해주시기를 호소합니다.

| | |
|---|---|
| **찬양** | 마음속에 근심 있는 사람 _ 새 찬송가 365장 〈통 137장〉 |
| **나를 위한 기도** | 주변 친구들이 당하고 있는 아픔과 슬픔과 고통을 함께 나눌 수 있는 크고 깊은 마음을 허락하소서. |
| **공동체를 위한 기도** | 하나님께서 우리 인생들의 진정한 위로자가 되어주신 것처럼, 우리 공동체가 세상의 상처받은 인생들에게 하나님의 위로를 전하게 하소서. |
| **하나님의 마음 알아가기** | |
| **삶으로 실천하기** | |

May
5/12
132

창세기 말라기

## 욥기 8~10장

# 욥과 빌닷의 첫 번째 논쟁

**Tong Point** 욥의 또 다른 친구 빌닷도 흑백논리로 욥을 판단하여 정죄하기 시작하고, 욥은 자신의 결백을 하나님 앞에 토로합니다.

데만 사람 엘리바스에 이어 또 다른 친구가 등장합니다. 엘리바스의 발언에 대한 욥의 반박과 호소를 가만히 듣고 있던 수아 사람 빌닷이 입을 연 것입니다. 빌닷은 지금이라도 욥이 하나님께 자신의 죄를 고백한다면 자비로우신 하나님께서 모든 것을 용서해주시고 복을 주신다며, 욥에게 죄의 자백을 촉구합니다. 이러한 빌닷의 말은 이미 큰 고통과 깊은 좌절 속에 빠진 욥을 더욱 힘들게 하는 말에 불과했습니다.

욥은 자신이 고통을 당하는 영문을 모른 채, 이 문제를 어떻게 하소연해야 할지 막막한 심정이었습니다. 그러나 욥이 자신의 의로움을 드러내는 것으로 오해한 친구들은 죄인인 인간은 하나님 앞에서 의로울 수 없다고 책망하듯 말합니다. 이에 욥은 "인생이 어찌 하나님 앞에 의로우랴"(욥 9:2)라고 외칩니다. 욥은 하나님 앞에서 자신의 결백을 주장합니다. "주께서는 내가 악하지 않은 줄을 아시나이다"(욥 10:7)라고 말입니다. 욥은 이런 고통이 어디서 연유하였는지 알 수 없었습니다. 다만 인생의 모든 것을 조성하신 하나님께 자신에게 주신 고통을 그만 거두시기를 호소하며 자신의 악하지 않음을 기억해주시기를 기도하고 있습니다.

| | |
|---|---|
| **찬양** | 괴로운 인생길 가는 몸이 _ 새 찬송가 479장 〈통 290장〉 |
| **나를 위한 기도** | 사람들을 쉽게 판단하며 정죄하지 않도록 나의 생각과 입술을 지켜주시고 주님의 사랑으로 그들을 위해 기도하게 하소서. |
| **공동체를 위한 기도** | 흑백논리로 욥을 정죄하는 어리석은 친구들처럼, 신앙 공동체 안에서 서로를 오해하며 정죄했던 모습들을 회개하는 성숙한 공동체가 되게 하소서. |
| **하나님의 마음 알아가기** | |
| **삶으로 실천하기** | |

창세기 말라기

May
5/13
133

## 욥기 11~14장

# 욥과 소발의 첫 번째 논쟁

**Tong Point** 욥의 탄식까지도 불의하다고 정죄하는 소발의 말에 욥은 친구들의 교만을 비판하며 하나님의 지혜를 구합니다.

욥의 탄식은 소발의 감정을 자극하였고, 소발은 그가 확신하는 종교적 교리를 욥에게 강요합니다. 소발은 욥의 탄식까지도 불의하다고 냉정하게 정죄하며, 욥이 당하는 고통은 욥이 미처 기억하지 못하는 죄악 때문에 겪는 것이라고 주장합니다. 그의 말은 욥을 죄인의 자리로 몰아넣는 것이나 다름없었습니다. 질책에 가까운 친구들의 말을 들은 욥은 오히려 인생들의 헛된 지혜를 침묵하게 하시는 하나님의 지혜를 이야기합니다. 견딜 수 없는 고통과 몸부림 속에서도 욥이 버텨낼 수 있는 힘은 오직 하나님을 향한 믿음뿐이었습니다.

하지만 하나님께서는 여전히 침묵하십니다. 욥이 당하는 육체적인 고통이나 친구들의 비방은 하나님의 침묵으로 인하여 더 괴롭고 견디기 어려웠습니다. "주는 나를 부르소서 내가 대답하리이다"(욥 13:22)라는 욥의 간절한 부르짖음과 외침은 그의 답답한 심정을 그대로 표현합니다. 욥은 예고 없이 닥친 고난 앞에 무력하게 넘어지는 자신을 보며 인간의 존재가 얼마나 나약하고 한계가 많은 존재인가를 깨닫게 됩니다. 이 고통의 시간이 언제 끝날지 알 수 없는 욥은 이 시기가 빨리 지나기만을 기다릴 뿐입니다.

| | |
|---|---|
| **찬양** | 천부여 의지 없어서 _ 새 찬송가 280장 〈통 338장〉 |
| **나를 위한 기도** | 나의 좁은 생각으로 하나님의 뜻을 판단하지 않게 하시고 생각의 지평을 넓혀 땅끝까지 나아가는 인생 되게 하소서. |
| **공동체를 위한 기도** | 각자의 사고방식으로 오해를 쌓아왔던 모습을 내려놓고 상대방의 입장을 먼저 헤아리는 사랑과 관용의 공동체가 되게 하소서. |
| **하나님의 마음 알아가기** | |
| **삶으로 실천하기** | |

FAMILY WORSHIP 가정예배

# 창조주를 기억하세요

전도서 1~12장, 욥기 1~14장

**기도**로 예배를 시작하세요.

이 시간, 우리 가정이 모여 하나님께 드리는 이 예배를 기뻐 받아주시고, 예배드리는 가운데 하나님의 마음과 뜻을 깨달아 알 수 있도록 지혜를 주소서.

함께 **찬양**을 부르세요.

"예수님은 누구신가" 새 찬송가 96장 (통 94장)

성경을 **소리 내어** 함께 읽고 자녀에게 오늘 본문의 **통通 이야기**를 들려주세요.

*전도서 12장 1~14절

우리는 시간을 낭비하지 말고 지혜롭게 살아야 하며, 선한 일에 열심을 내야 합니다. 인생을 지혜롭게 사는 방법은 창조주를 기억하는 것이라고 솔로몬은 마지막으로 말합니다. 인생의 끝을 생각하고 창조주를 기억할 때 의미 있는 삶을 살아갈 수 있어요.

말씀을 통해 알 수 있는 **하나님의 마음**을 생각하며 함께 마음을 나누어보세요.

- 솔로몬은 부귀영화를 크게 누렸지만 나이가 들면서 이 모든 게 헛되다는 것을 깨달았습니다. 우리의 인생이 의미 있는 삶이 되기 위해 무엇이 필요한지 나누어보세요.

- 솔로몬은 인생의 유한함을 하루라도 빨리 깨닫고 하나님을 기억하며 경외하는 삶이 복되다고 말합니다. 우리가 기억하고 있는 하나님의 모습은 어떤 모습입니까?

부모가 자녀에게, 자녀가 부모님께 **축복의 말**을 나눕니다.

"창조주 하나님을 늘 기억하고 경외하세요."

**함께 기도**하며, 연이어 주님이 가르쳐주신 기도로 예배를 마칩니다.

창조주 하나님께서 우리에게 주시는 아름다운 말씀을 늘 기억하게 하시고 하나님을 경외함으로 자녀 된 본분을 지키게 해주세요.

May
5/14
134

창세기 말라기

## 욥기 15~17장

# 욥과 엘리바스의 두 번째 논쟁

**Tong Point** 인과응보를 주장하는 친구들과 욥의 변론은 평행선을 달리고, 욥은 또다시 하나님께 자신의 고통을 호소합니다.

이제 욥과 세 친구들 사이의 두 번째 논쟁이 욥기 15~21장으로 이어집니다. 세 친구들은 각자의 논리로 욥의 불의를 밝히려 했고, 욥은 그때마다 반론을 제시합니다. 두 번째 논쟁을 시작한 엘리바스는 욥을 다그치며 회개를 종용합니다. 그의 주장은 전통적인 이분법적 논리로, 하나님께서는 의인을 구원하시고, 악인을 심판하신다는 것입니다. 물론 엘리바스의 주장이 일반적으로 옳은 말이기는 하지만, 욥에게 적용할 수 있는 말은 아니었습니다.

하나님께서 인생들, 특히 의인에게 고통을 안겨주실 때는 꼭 그들의 죄악에 이유가 있는 것이 아닙니다. 하나님께서는 아브라함에게 더 큰 복을 주시기 위해 아들 이삭을 번제로 드리라는 명령을 하셨던 분입니다(창 22장). 욥은 엘리바스의 말에 대답하며 다시 한 번 하나님께 자신의 고통을 호소합니다. 지금 욥이 감당해야 하는 아픔은 욥이 당하는 현실적인 고난 문제와 더불어 욥을 정죄하는 그의 친구들, 그리고 여전히 침묵하고 계신 하나님으로 인해 더욱 무겁게 다가오고 있습니다. 살아 있으나 삶에 대한 희망을 상실하는 데까지 이른 욥의 절망을 보면서, 욥의 고통이 얼마나 컸는지를 짐작해보게 됩니다.

| | |
|---|---|
| **찬양** | 만세 반석 열린 곳에 _ 새 찬송가 386장 〈통 439장〉 |
| **나를 위한 기도** | 상대방의 약점과 잘못된 점을 지적하며 살기보다 그 연약함을 돕고 같이 해결해나갈 수 있는 따뜻한 마음을 허락하소서. |
| **공동체를 위한 기도** | 우리의 생각과 판단을 뛰어넘는 크고 공평하신 하나님의 정의를 깨달을 수 있는 지혜와 안목을 우리 공동체에 허락하여 주소서. |
| **하나님의 마음 알아가기** | |
| **삶으로 실천하기** | |

창세기 말라기

May 5/15

135

## 욥기 18~19장

# 욥과 빌닷의 두 번째 논쟁

**Tong Point** 욥은 그의 고난을 의인의 고난으로 인정하지 않는 친구들의 악한 말을 들으며, 자신을 불쌍히 여겨달라고 애원합니다.

답답한 욥의 마음에는 아랑곳없이, 시간이 갈수록 욥을 향한 친구들의 말은 더 거칠어져 갑니다. 빌닷의 발언에는 욥에 대한 어떠한 동정도 없이 선악에 따른 상벌이라는 대립구도에 따라 욥을 향한 정죄함만이 있을 뿐이었습니다. 자신을 죄인으로 몰아세우는 친구들 앞에서 욥은 자신을 불쌍히 여겨달라고 애원합니다. "나의 친구야 너희는 나를 불쌍히 여겨다오 나를 불쌍히 여겨다오 하나님의 손이 나를 치셨구나"(욥 19:21). 그러나 욥의 친구들은 욥의 아픔을 진심으로 이해하며 함께 아파해주지 못합니다. 욥은 홀로 고통 가운데 놓인 것입니다. 그러나 주위에 아무도 남지 않았을 때 늘 자신과 함께하시는 하나님을 보게 되는 것이 신실한 믿음입니다. 아무도 바랄 수 없는 상황이기에 욥은 더욱 하나님 뵈올 날을 소망하고 있습니다.

욥은 자신의 고난으로 인해 형제들과 주위 모든 사람이 자신에게서 떠났음을 말합니다. 육체의 고통과 자신이 겪는 고난보다 더 큰 고통은 다름 아닌 욥의 주변 사람들이 욥에게 주는 상처들이었던 것입니다. 욥은 시간이 지날수록 더욱 하나님을 의뢰하며, 하나님만이 자신을 끝까지 지키시는 분임을 절실히 느낍니다.

| | |
|---|---|
| **찬양** | 십자가 그늘 아래 _ 새 찬송가 415장 〈통 471장〉 |
| **나를 위한 기도** | 수없이 많은 실수투성이인 나의 부족함까지도 받아주시고 앞길을 인도해주시는 주님을 더욱 신뢰하고 사랑하게 하소서. |
| **공동체를 위한 기도** | 고통받는 이웃들의 아픔을 어루만질 수 있는 포용력과 사랑의 마음을 우리 공동체에게 허락하여 주소서. |
| **하나님의 마음 알아가기** | |
| **삶으로 실천하기** | |

May
5/16
136

창세기 — 말라기

## 욥기 20~21장

# 욥과 소발의 두 번째 논쟁

**Tong Point** 욥의 형편을 진지하게 이해하려 하지 않는 친구들, 그들의 마음에는 가장 중요한 욥에 대한 사랑과 배려가 없었습니다.

욥의 친구들은 욥이 심한 고난 가운데 있음에도 불구하고, 점차 욥에 대한 위로보다는 정죄와 자기 논리의 관철에 집중하고 있습니다. 소발의 두 번째 발언에 대해 욥은 눈앞에 놓인 현실을 직시하라고 말합니다. 욥은 세상에 가득한 모순을 열거하며, 의인은 번성하고 악인은 쇠하게 되는 것이 진리이기는 하나, 현실에는 꼭 그렇지 않은 경우도 많이 있다고 주장합니다.

사실, 친구들의 변론이 전혀 근거 없거나 완전히 틀린 말은 아니었습니다. 때로는 그들이 한 말들이 귀한 진리이기도 합니다. 그러나 인간의 고난과 죄의 문제는 인간들이 논쟁을 통해서 해결할 수 있는 것이 아닙니다. 하나님께서 의로운 자를 구원하시고 불의한 자를 심판하시는 것은 성경 전체를 관통하는 주제 가운데 하나이지만 하나님은 인생들의 논리로 다 설명할 수 있는 분이 아닙니다. 비록 이 세상에 의인이 고난을 당하고 악인이 득세하는 부조리가 가득하다고 할지라도 그것으로 인해 하나님의 거룩하심과 공의로우심에 흠이 갈 수는 없습니다. 하나님께서는 모든 일에 정한 때가 있으신 분이며, 하나님의 때에 모든 선과 악이 명명백백하게 드러날 것이기 때문입니다.

| | |
|---|---|
| **찬양** | 내가 늘 의지하는 예수 _ 새 찬송가 86장 〈통 86장〉 |
| **나를 위한 기도** | 거룩하고 공의로우신 하나님의 뜻을 신뢰하고, 하나님의 때를 기다리는 믿음을 갖게 하소서. |
| **공동체를 위한 기도** | 하나님과의 깊은 관계를 통해 하나님의 뜻을 발견하고 그 뜻에 순종하는 공동체가 되게 하소서. |
| **하나님의 마음 알아가기** | |
| **삶으로 실천하기** | |

창세기 말라기

May 5/17

137

## 욥기 22~24장

# 욥과 엘리바스의 세 번째 논쟁

**Tong Point** 욥을 온갖 악행을 일삼는 자로 호도하는 엘리바스의 말에 욥은 이제 하나님과의 대면만을 갈망하며 간구합니다.

욥기 22~31장까지 욥에 대한 친구들의 마지막 변론이 시작됩니다. 엘리바스는 욥을 온갖 악행을 일삼는 자로 호도합니다. "온전하고 정직하여 하나님을 경외하며 악에서 떠난 자"(욥 1:1)라는 것이 욥에 대한 하나님의 평가였습니다. 그런데 엘리바스는 '욥이 죄를 지었기 때문에 벌을 받은 것'이라는 주장을 끝까지 관철시키기 위해 욥이 실제 범하지도 않은 죄악들을 추측하며 억지를 부리고 있는 것입니다.

욥은 엘리바스의 변론을 더 이상 문제 삼지 않습니다. 친구들과의 대화가 무익하다는 사실을 깨달았기 때문입니다. 이제 욥은 하나님께서 모든 사정을 헤아려주시기 바라며 하나님과 대면하기를 갈망합니다. 욥은 그가 당하는 고난이 하나님의 뜻이라는 사실을 깨닫습니다. 이 고난이 결코 무의미하지 않으며 자신을 단련하시고 순수한 정금으로 만들고자 하시는 분명한 목적이 하나님께 있다는 것입니다. 의인들이 때로 고통을 당하고, 악인이 형통한 것처럼 보일 때가 있습니다. 그러나 분명한 것은 인간으로서는 하나님의 섭리를 다 헤아릴 수 없으며, 다만 하나님의 때가 이르면 하나님께서 분명 악인을 심판하고 의인을 구원하시리라는 것입니다.

| | |
|---|---|
| **찬양** | 주님의 뜻을 이루소서 _ 새 찬송가 425장 〈통 217장〉 |
| **나를 위한 기도** | 나의 고통에 집중하여 슬퍼하기보다는 그 고통을 통해 더욱 성숙하기를 원하시는 하나님의 마음을 앎으로 감사하게 하소서. |
| **공동체를 위한 기도** | 때로 공동체에 다가오는 어려움이 하나님께서 허락하시는 연단의 과정임을 믿고 하나님을 더욱 신뢰하게 하소서. |
| **하나님의 마음 알아가기** | |
| **삶으로 실천하기** | |

May
5/18
138

창세기 말라기

## 욥기 25~31장

# 욥과 빌닷의 세 번째 논쟁

**Tong Point** 욥의 고난을 계속 죄악의 문제로 해석하는 친구들의 비난 앞에서 욥은 하나님의 판결을 듣기를 소망합니다.

빌닷의 세 번째 말을 끝으로 욥을 향한 세 친구들의 논쟁은 마침표를 찍습니다. '엄위하신 창조주 하나님 앞에서 피조물인 인간들은 벌레나 다름없다'는 빌닷의 세 번째 발언은 이전까지의 주장과 별로 다를 바가 없었습니다. 욥은 빌닷의 단편적인 지식을 조롱하며, 자신이 가지고 있는 지식으로 빌닷을 공격합니다. 고난당한 욥을 더욱 힘들게 했던 것은 그의 고통과 아픔을 이해하려고 하지는 않고, 욥을 정죄하기에만 급급했던 친구들의 태도였습니다. 그러나 욥은 끝까지 믿음을 지키며, 하나님께서 그에게 고난을 주셨지만 숨이 붙어 있는 한 불의를 말하지 않을 것이며 자신의 순전함을 결코 버리지 않겠다고 말합니다.

욥은 하나님을 향해 끝까지 자신의 정결함을 주장합니다. 세 친구들과의 대화가 더 이상 진행될 수 없는 시점에서 욥은 자신의 무죄함을 하나님 앞에 토로하며 지금 자신이 당하고 있는 일이 부당하다고 생각합니다. 하나님과 사람 앞에 최선을 다해 살아왔던 자신의 삶에 대한 자존감이 있었다는 것입니다. 그러나 이와 같은 욥의 말은 앞으로 있게 될 하나님의 질문에 욥이 아무런 변명을 할 수 없도록 만드는 요인이 됩니다.

| | |
|---|---|
| **찬양** | 비둘기같이 온유한 _ 새 찬송가 187장 〈통 171장〉 |
| **나를 위한 기도** | 상황이 바뀌었다고 신앙 내용도 흔들려버리는 나약한 그리스도인이 되지 않고 마음 중심이 변함없이 하나님을 향하게 하소서. |
| **공동체를 위한 기도** | 우리 공동체가 서로 격려하면서 끝까지 믿음으로 하나님을 향한 마음을 함께 지켜가게 하소서. |
| **하나님의 마음 알아가기** | |
| **삶으로 실천하기** | |

May
5/19
139

창세기 말라기

## 욥기 32~37장

# 엘리후의 발언

**Tong Point** 평행선을 긋고 있던 욥과 친구들의 대화는 엘리후의 발언을 계기로 하나님의 말씀, 곧 하나님과 욥의 만남으로 이어집니다.

욥과 세 친구 사이에 진행되던 논쟁에 큰 전환이 일어납니다. 지금까지의 논쟁을 조용히 지켜보고 있던 엘리후가 더 이상 문제의 해결점이 보이지 않자 이 논쟁에 뛰어든 것입니다. 엘리후는 이전의 세 친구들과는 좀 달랐습니다. 그는 욥의 세 친구들처럼 욥을 정죄하거나 그가 당하는 고난이 죄의 결과라는 논리로 말하지 않습니다. 엘리후는 고난을 하나님의 교육으로 해석할 수도 있다고 선언합니다.

하지만 엘리후는 욥의 가장 큰 잘못으로 자신이 참으로 의로우며 잘못한 것이 전혀 없다는 식으로 주장하는 교만함을 지적하고 있습니다. 엘리후는 하나님 앞에서 욥이 의로우냐, 그렇지 못하느냐보다는 하나님 앞에서 욥이 어떠한 자세를 취하느냐가 더 중요하다고 말하는 것입니다. 엘리후는 그의 일장 연설 마지막에서 하나님의 위대하심을 상기시키고 있습니다. 인간이 모든 자연 현상을 다 이해할 수 없듯이, 인간의 지혜로는 하나님께서 행하시는 놀라운 일을 다 설명할 수 없다는 것입니다. 또한 엘리후는 고통 가운데 있는 인생들의 처절한 부르짖음이 헛되다고 말하며, 하나님께서는 그 부르짖음에 관심이 없으시며 영향도 받지 않으실 것이라고 이야기합니다.

| | |
|---|---|
| **찬양** | 고통의 멍에 벗으려고 _ 새 찬송가 272장 〈통 330장〉 |
| **나를 위한 기도** | 나의 욕심과 교만에 붙들려 하나님의 큰 뜻을 놓치지 않게 하시고 하나님의 크고 비밀한 일들을 기대하며 성실한 삶을 살게 하소서. |
| **공동체를 위한 기도** | 우리 공동체에 어떤 어려움이 닥칠지라도 흔들리지 않게 하시며, 끝까지 하나님의 도움을 구하며 승리하는 공동체가 되게 하소서. |
| **하나님의 마음 알아가기** | |
| **삶으로 실천하기** | |

창세기 말라기

May
5/20
140

## 욥기 38~42장

# 하나님의 대답

**Tong Point** 고통의 원인을 이해하지 못하던 욥에게 하나님께서는 당신이 경영하시는 자연의 섭리를 말씀하시며 그분을 더욱 깊이 알아가게 하십니다.

자신들의 주장만을 고집해오던 욥의 친구들과 자신을 변호하던 욥과의 끝날 줄 모르는 논쟁에 드디어 하나님께서 개입하십니다. 이로써 도무지 해결의 기미가 보이지 않던 모든 논쟁은 명쾌하게 끝이 납니다. 세상의 모든 주권이 하나님께 있다는 선언과 더불어 하나님의 지혜의 말씀이 쏟아지고 있습니다. 하나님을 향해 임의대로 판단하고 말했던 욥과 그의 친구들은 위엄 있는 하나님의 말씀 앞에서 자기들의 입을 가릴 수밖에 없었습니다.

고통의 원인을 도저히 이해할 수 없었던 욥에게 하나님께서는 당신의 뜻대로 운행되는 자연의 섭리를 말씀하십니다. 그리고 하나님께서는 인간의 지혜가 얼마나 제한적이며 편협한가를 말씀하십니다. 당신이 창조하신 세계에 대해 도저히 인간의 지혜로 설명해낼 수 없는 부분들을 언급하십니다. 세상에는 인간의 지혜로 이해할 수 없는 영역, 하나님의 주권에 속한 일들이 많이 있음을 보여주시는 것입니다. 욥의 고난과 회복도 모두 하나님의 입김 아래 있습니다. 욥은 고백합니다. "이제는 눈으로 주를 뵈옵나이다"(욥 42:5). 온 세상을 만드신 하나님을 깊이 체험한 것입니다. 이렇게 욥과 하나님의 깊은 만남이 이루어지면서 욥기는 막을 내립니다.

| | |
|---|---|
| **찬양** | 만 입이 내게 있으면 _ 새 찬송가 23장 〈통 23장〉 |
| **나를 위한 기도** | 나의 의에 비추어 하나님을 판단하지 않게 하시고 하나님의 신실하신 말씀에 비추어 나를 다듬어가는 지혜를 내려주소서. |
| **공동체를 위한 기도** | 우리 공동체가 고난을 통해 하나님을 더욱 깊이 알아가게 하시고, 하나님의 위로로 고난 받는 인생들을 위로할 수 있도록 인도하여 주소서. |
| **하나님의 마음 알아가기** | |
| **삶으로 실천하기** | |

FAMILYWORSHIP 가정예배

# 이제는 눈으로 주를 뵈옵나이다

욥기 15~42장

**기도로 예배를 시작하세요.**

이 시간, 우리 가정이 모여 하나님께 드리는 이 예배를 기뻐 받아주시고, 예배드리는 가운데 하나님의 마음과 뜻을 깨달아 알 수 있도록 지혜를 주소서.

**함께 찬양을 부르세요.**

"슬픈 마음 있는 사람" 새 찬송가 91장 (통 91장)

**성경을 소리 내어 함께 읽고 자녀에게 오늘 본문의 통通 이야기를 들려주세요.**

*욥기 42장 1~9절

욥은 고난 중에도 하나님을 원망하지 않았고, 하나님의 음성을 듣는 중에 진심으로 회개했어요. 하나님께서는 고통 속에서 흘렸던 욥의 눈물방울들이 깜깜한 고난의 터널을 거친 후 반짝이는 보석이 되도록 복을 주셨습니다.

**말씀을 통해 알 수 있는 하나님의 마음을 생각하며 함께 마음을 나누어보세요.**

- 큰 실패와 고통 중에도 하나님을 원망하지 않고 낙심하지 않는 모습은 복됩니다. 이렇게 하나님 앞에서 우리의 마음을 지켜줄 수 있는 게 무엇일지 나누어봅시다.

........................................

........................................

- 욥은 고난 중에 만난 친구들과 논쟁을 한 적도 있었지만 결국 하나님의 은혜 안에서 좋은 관계가 되었습니다. 하나님 안에서 회복되어야 할 친구 관계가 있습니까?

........................................

........................................

**부모가 자녀에게, 자녀가 부모님께 축복의 말을 나눕니다.**

"하나님께서는 결국 우리를 일으켜 세워주십니다."

**함께 기도하며, 연이어 주님이 가르쳐주신 기도로 예배를 마칩니다.**

고난 가운데 낙심하거나 입술로 죄를 짓지 않게 해주세요. 하나님의 선하신 인도하심을 믿으며 하나님을 바라볼 수 있는 은총을 우리에게 베풀어주세요.

May
5/21
141

창세기 말라기

## 시편 1~2, 4~9편

# 시와 찬미

**Tong Point** 복 있는 사람은 하나님 말씀을 따라 사는 사람이며, 하나님의 말씀을 다른 그 어떤 것보다도 즐거워하여 주야로 묵상하는 사람입니다.

**[시편 1편]** 여호와의 율법을 강조하고 있는 시편 1편은 여호와의 율법을 즐거워하며 묵상하는 사람을 '시냇가에 심은 나무'로 표현하고 있습니다. 인생의 끝을 어떻게 마무리할 것인가를 생각할 때(시 1:6), 여호와의 율법을 묵상하는 일을 오늘의 즐거움으로 삼는 것은 가장 탁월하며 지혜로운 선택입니다.

**[시편 2편]** 이 시편은 소위 제왕시(帝王詩)라고 불리는데, 만왕의 왕이신 하나님께서 세상을 다스리신다는 주제와 밀접한 관련성을 가지고 있는 시편들 중 하나입니다. 하나님의 비웃음의 대상이 된 무리들은 하나님으로부터 벗어나 자유하자고 말합니다. 그러나 시인은 하나님께서 우리의 왕이시라는 사실이 얼마나 감사한 일인지 밝히고 있습니다.

**[시편 4편]** 다윗은 하나님께 자신의 기도를 들어달라고 간절히 호소하며, 헛된 일을 좋아하는 자들을 책망합니다. 다윗은 경건한 자를 돌보시는 하나님에 대한 강하고 확고한 신뢰를 고백합니다. 그는 인생들이 하나님의 때와 일하시는 방법을 제대로 이해하지 못할 뿐이지, 하나님께서는 인생들을 사랑하신다는 사실을 믿고 고백한 것입니다.

**[시편 5편]** 다윗은 하나님의 공의를 찬양하며, 하나님께 자신이 간구하는 소리를 들어주실 것을 기도하고 있습니다. 다윗의 기도는 그가 하나님을 믿고 신뢰하는 마음에서 비롯된 것이라 할 수 있습니다. 이 시편에서도 다윗이 의로우신 하나님을 믿고 의지하는 마음이 잘 표현되어 있습니다.

**[시편 6편]** 이 시편에서 다윗은 뼈가 떨리고 심지어 영혼까지 떨리고 있다고 고백합니다. 그는 자신이 밤마다 탄식하며 눈물로 요를 적시고 있다고 호소하며, 하나

님께 자신의 영혼을 건져주실 것을 간구합니다. 이처럼 다윗은 '주의 사랑'을 의지하여 더욱 간절한 기도를 드립니다.

**[시편 7편]** 다윗은 다른 방법을 동원하기 전에 하나님을 피난처로 생각하고 하나님께 나아가고 있습니다. 하나님의 판결이 최종적인 것임을 받아들이며, 온 세상을 다스리시는 하나님만 바라보려는 다윗의 결심과 노래가 하나님을 기쁘시게 합니다.

**[시편 8편]** 하나님께서는 사람을 지으실 때, 다른 피조물들과 달리 손수 흙으로 빚으시고, 코에 생기를 불어넣어 만드셨습니다. 사람이 무엇이기에 그 큰 은혜를 누리는 것입니까! 다윗은 사람에게 모든 피조물을 다스리는 권한을 주신 하나님을 더욱 소리 높여 찬양합니다.

**[시편 9편]** 하나님을 찬양하는 마음에는 언제나 기쁨이 넘칩니다. 여호와께 감사하며 주의 모든 기사를 전하고 주를 기뻐하며 즐거워하는 다윗의 시편에 기쁨이 넘칩니다.

※ **[시편 3편]** 사무엘하 15장 말씀(107일)과 함께 묵상합니다.

| | |
|---|---|
| **찬양** | 큰 영광 중에 계신 주 _ 새 찬송가 20장 〈통 41장〉 |
| **나를 위한 기도** | 살아계신 하나님의 말씀을 주야로 묵상하며 즐거워하게 하시고 오직 하나님께만 구원이 있음을 고백하며 살게 하소서. |
| **공동체를 위한 기도** | 복 있는 사람은 하나님의 말씀을 따라 사는 사람임을 기억하며, 하나님의 말씀을 즐거워하여 주야로 묵상하는 신앙 공동체가 되게 하소서. |
| **하나님의 마음 알아가기** | |
| **삶으로 실천하기** | |

May
5/22
142

창세기 말라기

## 시편 10~18편

## 시와 찬미

**Tong Point** 하나님을 향한 믿음이 있었기에 다윗은 매일의 순간순간을 하나님께 의탁하며, 하나님의 침묵 앞에서도 조급해하지 않을 수 있었습니다.

**[시편 10편]**
의인들을 핍박하는 악인들의 득세는 이해하기 어려운 일입니다. 그리고 그보다도 다윗의 마음을 더욱 답답하게 했던 것은 하나님의 침묵이었습니다. 그러나 깊은 절망의 상황 속에서 다윗은 역시 하나님만을 신뢰하고 있습니다.

**[시편 11편]** 하나님의 눈이 인생을 통촉하시고 그의 안목이 사람들을 감찰하십니다. 하나님께서 말씀하시는 '의인' 은 죄가 하나도 없는 사람이 아니라, 믿음으로 하나님 앞에 나아가는 사람입니다.

**[시편 12편]** 의인과 악인을 구분하는 중요한 기준 가운데 하나는 바로 입술의 말입니다. 다윗은 악인의 말을 하나님께서 끊으실 것이라고 찬양하며, 자기 입술의 말을 더욱 아름답게 가꾸어나가고자 합니다.

**[시편 13편]** 다윗이 목숨을 부지하기 위해 도망 다니고 있는 상황입니다. 하나님의 도우심을 구하는 다윗의 마음은 갈수록 간절해질 수밖에 없습니다. 그는 그 간절한 마음으로 하나님께 "어느 때까지니이까?"(시 13:1)라고 묻고 있습니다. 다윗은 위급한 상황에서도 하나님과의 관계를 그 무엇보다 소중히 붙들고 있습니다.

**[시편 14편]** 시대의 주인이 오직 하나님이라는 사실을 가슴 깊이 믿었던 사람, 누구보다도 앞장서서 하나님을 찾았던 사람, 그가 바로 다윗입니다. 다윗에게는 '어떠한 상황에 놓여 있는가' 보다 더 중요한 것이 '얼마나 하나님을 깊이 믿고 있는가' 였습니다.

**[시편 15편]** 다윗은 이 시편의 첫머리에서 "주의 성산에 사는 자 누구오니이까"

(시 15:1)라고 묻고 있습니다. 이어지는 이 물음에 대한 답변은 그의 인생을 어떻게 살 것인가에 대한 다윗의 다짐과도 같습니다.

**[시편 16편]** 오랫동안 도망자 신세였던 다윗에게 있어 변하지 않는 유일한 믿음은 하나님이었습니다. 오직 하나님의 이름만이 자신에게 복이라고 고백합니다.

**[시편 17편]** 다윗은 자신이 곤고함에 처해 있을 때마다 불평과 불만을 쏟아놓기보다는 하나님 앞에 자신의 처지를 고백하며 곤고함에서 구해주실 것을 기도합니다. 어려운 중에도 자신을 돌보시는 하나님을 찬양하며, 끝내 신뢰하는 다윗의 신앙은 하나님의 마음을 기쁘시게 했을 것입니다.

**[시편 18편]** 이 시편은 다윗이 모든 원수와 사울의 손에서 건져냄을 받은 후, 자신의 과거를 돌아보며 하나님께 드리는 감사의 노래로 사무엘하 22장과 대동소이(大同小異)합니다. 다윗은 하나님께 감사의 노래를 드리기 시작합니다. 하나님을 신뢰하며 견뎌온 역경의 시절을 아름다운 신앙 고백으로 바꿉니다. 힘든 역경의 세월을 보내면서도 마음속에서 하나님에 대한 신뢰를 지우지 않았기 때문입니다.

| | |
|---|---|
| **찬양** | 예부터 도움 되시고 _ 새 찬송가 71장 〈통 438장〉 |
| **나를 위한 기도** | 하나님께서 낮이나 밤이나 언제든 내 인생을 감찰하고 계심을 기억하게 하시고 선을 행하는 삶을 살게 하소서. |
| **공동체를 위한 기도** | 인생의 어려움과 하나님의 침묵 앞에서도 조급해하지 않았던 다윗처럼, 신실하신 하나님을 끝내 기다리는 믿음의 공동체가 되게 하소서. |
| **하나님의 마음 알아가기** | |
| **삶으로 실천하기** | |

May
5/23
143

창세기 말라기

## 시편 19~27편

### 시와 찬미

**Tong Point** 깊은 탄식이 수도 없이 반복되는 상황 속에서 다윗은 자신의 입술의 말과 생각과 마음을 지키기 위하여 늘 말씀을 묵상하며 기도합니다.

**[시편 19편]** 다윗은 하나님께서 창조하신 하늘과 태양을 바라보며 하나님께 영광을 돌립니다. 그는 하나님의 율법의 완전하심을 찬양하며, 여호와의 법도가 자신의 삶을 다스린다는 고백을 하고 있습니다.

**[시편 20편]** 다윗은 기나긴 고난의 시간을 보냈습니다. 역경의 시간은 길고 혹독했습니다. 그러나 다윗은 하나님의 약속을 잊지 않았습니다. 그리고 칼끝이 자신을 향할 때에도 하나님께서 기름 부으신 자신을 끝까지 책임지신다는 사실을 의심하지 않고 늘 하나님을 찬양했습니다.

**[시편 21편]** 하나님을 의뢰하는 자에게 주시는 참된 기쁨이 다윗에게 넘칩니다. 다윗은 자신이 왕임에도 불구하고 참된 왕이신 하나님 여호와를 의지한다고 고백합니다.

**[시편 22편]** 다윗은 그의 부르짖음에도 응답하지 않으시는 하나님의 침묵으로 인해 깊이 탄식합니다. 그러나 그 탄식이 원망과 절망으로 이어지지 않습니다. 결국 하나님께서 당신의 얼굴을 숨기지 않으시고 다윗의 부르짖음에 응답하셨습니다. 이것은 다윗의 인생 속에서 수차례 반복된 체험이었습니다.

**[시편 23편]** 다윗은 목자로서 양을 돌보면서, 하나님께서 인생들을 어떻게 돌보시는지를 온몸으로 깨달은 체험을 가지고 있었습니다. 때문에 그런 감사와 행복의 마음을 담아 이 시편을 읊고 또 읊으며 하나님께 찬양과 영광을 돌렸고, 하나님의 기쁨이 될 수 있었습니다.

**[시편 24편]** '여호와의 산에 오를 자', '그의 거룩한 곳에 설 자', 즉 하나님 앞에

설 수 있는 조건을 갖춘 자는 하나님의 통치 아래에서 하나님께서 기뻐하시는 삶을 살아가는 자입니다.

[시편 25편] 다윗은 하나님께 올려드리는 시와 노래를 통해 자신을 괴롭히는 원수에 대해 하나님께 신원하며 의뢰합니다. 이는 환난 날에 건지시는 하나님을 의지하며, 하나님의 공의로우심을 신뢰하는 마음이 다윗에게 있었음을 보여줍니다.

[시편 26편] 다윗은 하나님께 자신을 살피고 시험해달라고 고백합니다. 다윗이 이 같은 고백을 할 수 있었던 것은 시험을 주시되 곧 피할 길을 주시는 하나님을 신뢰했기 때문입니다.

[시편 27편] 다윗은 하나님께서 자기편임을 자랑스러워하며 찬송하고 있습니다. 그래서 악인들, 대적들, 원수들이 자신에게 달려들거나 군대가 대적하여 전쟁이 일어날지라도, 두려워하지 않고 태연할 수 있다고 말합니다. 다윗은 언제나 조급해하지 않았고, 때문에 헤브론에서 왕이 된 후 온 이스라엘의 왕이 되기까지 7년 6개월을 기다릴 수 있었습니다.

| | |
|---|---|
| **찬양** | 주는 나를 기르시는 목자요 _ 새 찬송가 570장 〈통 453장〉 |
| **나를 위한 기도** | 나의 마음이 하나님께서 받으실 만한 거룩한 제물이 되게 하시고 하나님의 말씀을 꿀과 송이꿀보다 더 달게 여기게 하소서. |
| **공동체를 위한 기도** | 우리 공동체가 살아계신 하나님의 말씀을 순금보다 더 사모할 것이며, 그 말씀의 내용에 순종하기를 원합니다. |
| **하나님의 마음 알아가기** | |
| **삶으로 실천하기** | |

May
5/24
144

창세기 말라기

## 시편 28~33편

## 시와 찬미

Tong Point 참된 보호자요 피난처이신 하나님을 그의 인생 속에서 늘 경험하였던 다윗은 그의 노래들 속에 이 확신과 믿음을 담고 있습니다.

[시편 28편] 하나님에 대한 다윗의 표현들을 살펴보면, '나의 반석', '나의 힘', '나의 방패' 입니다. 다윗의 시는 하나님의 마음을 기쁘게 해드렸을 뿐 아니라, 하나님께서 다윗의 반석과 힘과 요새가 되어주시고 싶게 하는 진정한 노래가 되었습니다.

[시편 29편] 다윗은 하나님의 소리가 백향목을 꺾으며, 화염을 가르고, 광야를 진동시키신다고 노래하고 있습니다. 다윗은 이처럼 힘 있고 능한 왕이신 하나님께서 자기 백성에게 평강의 복을 주실 것을 찬양하고 있습니다.

[시편 30편] 다윗은 형통할 때에나 그렇지 않을 때에나 하나님을 의지했습니다. 그는 하나님께서 자신의 슬픔을 변하여 춤이 되게 하시며, 슬픔의 베옷을 벗기고 기쁨으로 띠를 띠우셨다고 고백합니다. 언제나 하나님을 바라보며 참된 기쁨을 누렸던 다윗은 참으로 지혜로운 하나님의 사람입니다.

[시편 31편] 다윗은 하나님을 두려워하는 자에게 하나님께서 베푸시는 은혜가 크다고 고백합니다. 그는 악인의 손에서 의인을 건지시는 하나님을 의뢰하며, 하나님의 크신 은혜를 바라는 사람들에게 강하고 담대하라고 힘주어 말합니다.

[시편 32편] 다윗은 허물과 죄에 대해서 입을 열지 않았을 때에는 뼈가 쇠할 정도로 종일 신음할 수밖에 없었다고 말합니다. 영과 육이 모두 병들게 되는 것입니다.

하지만 하나님 앞에 허물들을 숨기지 않고 고백하고 나니 곧 사함을 받습니다. 용서의 은혜뿐 아니라 놀라운 사귐의 은혜를 힘입게 됩니다.

**[시편 33편]** 다윗은 지나온 자신의 생애 가운데 친히 개입하셔서 돌보아주신 하나님을 기억하면서 찬양하고, 현재 자신의 삶 가운데 살아 역사하시며 자신과 동행해 주시는 하나님을 찬양합니다. 다윗은 모든 만물의 찬양을 받기에 합당하신 하나님께 마음껏 영광을 돌리고 있습니다.

※ **[시편 34편]** 사무엘상 20~21장 말씀(96일)과 함께 묵상합니다.

| | |
|---|---|
| **찬양** | 이 몸의 소망 무언가 _ 새 찬송가 488장 〈통 539장〉 |
| **나를 위한 기도** | 때로 하나님께서 노여워하시는 것이 결코 하나님의 본뜻이 아님을 알게 하시고 나의 슬픔이 춤이 되며 나의 베옷이 기쁨의 띠로 바뀌게 하소서. |
| **공동체를 위한 기도** | 우리 교회가 형통할 때에나 그렇지 않을 때에나 동일하게 하나님을 의지하게 하셔서 하나님의 이름을 높여드리는 복된 공동체가 되게 하소서. |
| **하나님의 마음 알아가기** | |
| **삶으로 실천하기** | |

창세기 말라기

May
5/25
145

## 시편 35~41편

### 시와 찬미

**Tong Point** 하나님의 공의로운 심판을 신뢰하고 있기에, 악인들의 괴롭힘이 영원하지 않으리라는 기대를 붙들고 다윗은 다시 일어설 수 있었습니다.

[시편 35편] 다윗은 아무리 억울한 일을 당하고 생명의 위협을 당한다고 해도 사람에게 복수를 하거나 공격하겠다는 계획을 세우지 않습니다. 왜냐하면 다윗은 오로지 하나님만이 인생을 재판하시는 분이라는 깊은 믿음을 갖고 있었기 때문입니다.

[시편 36편] 다윗은 생명의 원천이 하나님뿐이라는 사실을 노래하고 있습니다. 하나님을 향해 이처럼 확고한 신뢰를 보내는 다윗은 결국 아름다운 삶의 자취를 남깁니다.

[시편 37편] 다윗은 자신의 목숨이 위태로운데도 불구하고 행악자로 인하여 불평하지 않습니다. 그리고 오히려 공정한 재판장이신 하나님 앞에 섰을 때 자신이 똑같은 행악자가 되지 않기 위해 몸부림칩니다. 그 어떤 것보다도 하나님과의 관계가 중요하다는 사실을 믿고 따르는 자가 지혜로운 자입니다.

[시편 38편] 다윗은 자신의 죄로 인해 여호와께서 진노하시며 징계하신다는 것을 느끼고 있습니다. 그렇기에 다시 하나님 앞에 무릎을 꿇습니다. 하나님 앞에 무릎을 꿇는 것이 다시금 희망을 세우는 유일한 길이라는 사실을 믿고 있기 때문입니다.

[시편 39편] 다윗은 악인 앞에서 자신의 입에 재갈을 먹이겠다고 결심하고, 나아가 하나님께만 자신의 소망을 두겠노라고 노래합니다. 오직 심판은 하나님의 손에

있다는 믿음으로, 자신의 말과 행위를 지키는 다윗의 모습은 그의 굳건한 믿음을 보여줍니다.

[시편 40편] 다윗은 고난 가운데에도 포기하거나 좌절하지 않고, 하나님께서 결국 들으실 것이라는 확신 속에서 하나님께 간구하며 하나님의 도우심을 기다리고 있습니다. 그 결과 다윗은 깊은 웅덩이와 수렁으로부터 건져주시는 하나님의 은혜를 경험하게 됩니다.

[시편 41편] 다윗은 힘이 없었을 때에 행악자로 인해 불평하지 않고, 막강한 힘이 주어졌을 때에도 그 힘을 복수하는 데에 사용하지 않았습니다. 가슴 깊은 곳에 새겨진 하나님의 말씀이 결국 그의 말과 행동이 되었습니다.

| | |
|---|---|
| **찬양** | 죄짐에 눌린 사람은 _ 새 찬송가 536장 <통 326장> |
| **나를 위한 기도** | 나의 인생이 하나님의 보호하심과 날개 그늘 아래 있음을 알고 매 순간 하나님께 순종하며 하나님의 뜻 가운데 살게 하소서. |
| **공동체를 위한 기도** | 우리 공동체가 하나님의 공의로운 심판을 신뢰하고 온 세상을 경영하시는 하나님의 주권을 인정하게 하소서. |
| **하나님의 마음 알아가기** | |
| **삶으로 실천하기** | |

May
5/26
146

창세기 말라기

## 시편 42~50, 53편

## 시와 찬미

**Tong Point** 하나님이 우리의 피난처 되시고 힘과 도움이시기에 그분의 자녀들은 모든 것이 흔들리는 상황 속에서도 요동하지 않으며 평안을 누립니다.

**[시편 42편]** 시인은 자신의 영혼이 낙심이 되므로 오히려 하나님을 기억한다고 고백합니다. 끝까지 불안해하거나 절망하지 않고 하나님을 찾는 사람은 그분의 도우심을 얻을 것입니다.

**[시편 43편]** 시인은 하나님께 불의한 자에게서 자신을 건져달라고 간구하며, 자신의 영혼에게 "내 영혼아 네가 어찌하여 낙심하며 어찌하여 내 속에서 불안해 하는가"(시 43:5)라고 말합니다. 하나님께서는 어려울수록 하나님께 소망을 두는 자에게 결국 힘을 주십니다.

**[시편 44편]** 시인은 하나님 앞에서 이스라엘을 대표하여 하나님과의 기억을 더듬어 떠올리고 있습니다. 뒤를 돌아보면 이스라엘의 조상들로부터 시작하여 오랜 세월에 걸쳐 하나님의 은혜와 보호하심이 있었습니다. 시인은 힘든 현실 속에서 "우리가 주를 잊지 아니하며 주의 언약을 어기지 아니하였나이다"(시 44:17)라고 고백하며 하나님께 도우심을 구합니다.

**[시편 45편]** 이 시편에 등장하는 왕은 하나님께서 복을 주실 만한 인생을 살아왔습니다. 때문에 시인은 왕을 통해서 하나님께 올려질 왕의 사랑과 충성을 기쁘게 노래하고 있습니다.

**[시편 46편]** 이 시편 말씀은 마음속 깊이 불안해하며 절망하는 이들에게 큰 힘을 줍니다. 시인은 하나님께서 우리의 '피난처'가 되시고, '힘'과 '도움'이 되심을 확신하며 하나님을 찬송하고 있습니다.

**[시편 47편]** 이 시편은 하나님께서 단지 이스라엘만의 왕이 아니라 온 땅의 왕이심을 선포합니다. 하나님께서 모든 나라의 역사를 주관하시기 때문입니다. 하나님

께서는 온 나라와 모든 인류의 찬양을 받으시기에 합당하신 분입니다.

**[시편 48편]** 시온 성은 다윗 이후로 정치와 문화와 종교의 중심지가 된 곳입니다. 또한 성전이 건축된 후에는 더욱 특별한 의미를 지니게 되었습니다. 그래서 시인은 이 성 안에 있으면서 '하나님의 한결같은 사랑'을 되새겨 보았다고 노래합니다.

**[시편 49편]** 시인은 모든 인생의 흐름을 세밀하게 바라보며 희망을 노래합니다. 하나님께 속한 자의 미래는 공허로 끝나지 않습니다. 하나님께서 희망의 원천이시기 때문입니다.

**[시편 50편]** 이 시편의 지은이이며 성전 찬양대원인 아삽은 예배에 참석한 자들을 향하여 "하나님을 잊어버린 너희여"(시 50:22)라고 일침을 가하고 있습니다. 아삽은 이 시편에서 하나님께서 심판장으로 이스라엘 백성 가운데 임하신다는 점을 분명히 합니다. 오직 감사의 마음으로 드리는 제사만이 영화로우신 하나님 앞에 온전히 올릴 수 있을 것입니다.

**[시편 53편]** 다윗은 그 마음에 하나님이 없다고 하는 자는 진정 어리석은 사람이라고 선언합니다. 더 나아가 다윗은 이스라엘을 구원하실 이는 오직 하나님이시라고 고백합니다.

※ [시편 51편]은 사무엘하 11~12장 말씀(105일),
[시편 52편]은 사무엘상 22장 말씀(97일)과 함께 묵상합니다.

| | |
|---|---|
| **찬양** | 나의 맘에 근심 구름 _ 새 찬송가 83장 〈통 83장〉 |
| **나를 위한 기도** | 어렵고 힘든 상황에 놓일지라도 낙심하지 않고 하나님께 소망을 두고, 힘주실 하나님을 굳게 의지하며 살게 하소서. |
| **공동체를 위한 기도** | 하나님께서는 우리의 피난처이시며 힘과 도움이십니다. 흔들리는 상황 속에서도 결코 요동하지 않는 교회 공동체가 되게 하소서. |
| **하나님의 마음 알아가기** | |
| **삶으로 실천하기** | |

May

5/27

147

창세기 말라기

## 시편 55~56, 58, 60~66편

# 시와 찬미

**Tong Point** 하나님은 그분을 신뢰하며 하나님의 공의를 의뢰하는 의인의 기도에 귀를 기울이시고 허리 굽혀 응답하실 만큼 가까이 계신 분입니다.

**[시편 55편]** 시인은 원수와 악인에게 둘러싸여 있는 자신의 처지에도 불구하고 하나님께서 자신의 간절한 기도를 들으심을 믿어 의심치 않습니다. 기도의 힘을 깨달은 자로서 하나님을 의지하겠다는 확신에 찬 목소리를 들려줍니다.

**[시편 56편]** 다윗은 '종일' 생사의 경계를 넘나들며 사울 왕에게 쫓겨다니는 신세였으나 생명을 잃지 않았음을 감사하며 노래하고 있습니다. 그리고 자신을 알아보는 블레셋 가드 왕 아기스의 신하들 앞에서 생명을 유지할 수 있었던 것도 전적으로 하나님의 도우심이었음을 고백합니다. 하나님을 의지하며 믿음을 지키는 다윗의 시를 통해 하나님과 인생 모두에게 큰 기쁨이 넘칩니다.

**[시편 58편]** 이 시편은 의인과 악인 사이에 있는 사람들을 의인의 길로 초청하고 있습니다. 두 갈래 길에서 망설이는 사람들에게 의인의 길을 선택하라고 권면하는 것입니다.

**[시편 60편]** 시인은 하나님께 "주께서 사랑하시는 자"(시 60:5)를 오른손으로 구원하여 달라고 간절히 호소하고 있습니다. 하나님의 주권은 이스라엘뿐 아니라 주변 모든 나라에 미칩니다. 따라서 전쟁의 승리보다도 더 깊이 관심을 가져야 할 것이 바로 하나님과의 관계입니다. 이 사실을 잘 알고 있는 다윗은 하나님의 도우심을 구하며 하나님을 의지하겠다고 고백합니다.

**[시편 61편]** 자신의 힘으로 어찌할 수 없을 때에도 하나님께 부르짖는 사람은 주의 장막과 주의 날개 아래에 거하게 됩니다. 다윗은 주님이 자신의 서원을 들어주셨고, 주의 이름을 경외하는 자가 얻을 기업을 자신에게 주셨다고 고백하며 영원히 하나님 안에 거하며 보호받기를 기도합니다.

**[시편 62편]** 믿음을 지키는 것은 어떠한 형편에서도 하나님을 바라보는 것입니다.

시인은 권능과 인자가 하나님께 속하여 있음을 알고 견고한 반석이신 하나님에 대한 전적인 신뢰를 고백합니다.

**[시편 63편]** 다윗은 자신의 영혼이 하나님을 갈망하며 자신의 육체가 주를 앙모한다고 말합니다. 생사의 갈림길에서 생명을 향한 간절한 열망이 다윗으로 하여금 하나님께로 더 가까이 나아가게 만들고 있습니다.

**[시편 64편]** 다윗은 화살 같은 독설(毒舌)에도 주저앉지 않고, 더욱 강한 믿음으로 하나님을 의뢰합니다. 행악하는 자의 독한 말에 그와 동일한 말로 맞서는 것이 아니라 하나님을 찾는 것이 참 지혜입니다.

**[시편 65편]** 믿음의 사람은 하나님께서 자신의 기도를 들으시는 분임을 알고, 그분이 자신의 버거운 죄 짐을 해결해주시는 분임을 믿음으로 고백합니다. 다윗은 이러한 믿음으로 산과 바다를 지으시고 주관하시는 하나님의 능력을 노래합니다. 하나님의 능력을 온전히 믿고 의지하는 자는 그분의 도우심을 받게 됩니다.

**[시편 66편]** 하나님을 찬양하자는 외침으로 시작한 이 시편은 개인과 공동체적인 특별한 경험을 함께 노래하고 있습니다. 온 땅과 만민들을 향하여 하나님을 찬양하라고 외치며 자신의 기도에 응답해주신 하나님께 감사의 노래를 드립니다.

※ [시편 54편]은 사무엘상 25~26장 말씀(99일), [시편 57편]은 사무엘상 23~24장 말씀(98일), [시편 59편] 은 사무엘상 19장 말씀(95일)과 함께 묵상합니다.

| | |
|---|---|
| **찬양** | 주여 우리 무리를 _ 새 찬송가 75장 〈통 47장〉 |
| **나를 위한 기도** | 고난의 시간에도 하나님께서 함께 동행하심을 믿게 하시고 어두운 내 삶의 새벽을 깨우기 위해 주님의 이름을 더욱 높여 부르게 하소서. |
| **공동체를 위한 기도** | 하나님은 당신을 신뢰하며 당신의 공의를 의뢰하는 인생들의 기도에 귀를 기울이신다는 사실을 온몸으로 경험하는 공동체가 되기를 원합니다. |
| **하나님의 마음 알아가기** | |
| **삶으로 실천하기** | |

FAMILY WORSHIP 가정예배

# 복 있는 사람이 되세요

시편 1~66편

**기도로 예배를 시작하세요.**

이 시간, 우리 가정이 모여 하나님께 드리는 이 예배를 기뻐 받아주시고, 예배드리는 가운데 하나님의 마음과 뜻을 깨달아 알 수 있도록 지혜를 주소서.

**함께 찬양을 부르세요.**

"예수가 함께 계시니" 새 찬송가 325장 (통 359장)

**성경을 소리 내어 함께 읽고 자녀에게 오늘 본문의 통通 이야기를 들려주세요.**

*시편 1편

복 있는 사람은 하나님의 말씀에서 인생의 즐거움을 찾습니다. 반면 악인들은 세상을 바라보며 인생의 즐거움과 평안을 구합니다. 날마다 우리의 영혼을 새롭게 하시고 힘과 능력을 주시는 하나님의 말씀을 즐거워하며 아침, 저녁으로 묵상하는 복된 인생이 되세요.

**말씀을 통해 알 수 있는 하나님의 마음을 생각하며 함께 마음을 나누어보세요.**

- 우리는 하나님께서 주신 복을 내 것으로 잘 지킬 수 있어야 합니다. 세상의 악과 유혹으로부터 우리를 지킬 수 있는 방법에는 어떤 것들이 있는지 나눠봅시다.

............

............

- 하나님의 사람은 시냇가에 심은 나무처럼 철을 따라 열매를 맺습니다. 우리는 인생의 어느 계절을 보내고 있나요? 또 우리가 가꾸고 있는 열매는 무엇입니까?

............

............

**부모가 자녀에게, 자녀가 부모님께 축복의 말을 나눕니다.**

"당신은 시냇가에 심은 나무입니다."

**함께 기도하며, 연이어 주님이 가르쳐주신 기도로 예배를 마칩니다.**

복 있는 사람으로서 앉아야 할 자리에 앉게 하시고, 하나님의 말씀을 늘 묵상하며 철을 따라 꽃을 피우고 열매 맺는 형통한 인생이 되게 해주세요.

May
5/28
148

창세기 말라기

## 시편 67~72편

# 시와 찬미

**Tong Point** 모든 복의 근원이신 하나님께 감사와 찬양을 돌릴 때, 우리는 영원한 구원의 은혜와 하늘의 복을 이 땅에서부터 누릴 수 있게 됩니다.

**[시편 67편]** 시인은 구원의 은혜와 복을 주시는 분이 하나님이심을 고백합니다. 그리고 모든 복의 근원이신 하나님께 감사와 찬양을 돌리고 이를 노래합니다.

**[시편 68편]** 이스라엘 역사에서 만나는 하나님께서는 악인과 원수들, 죄를 짓고 다니는 자들을 멸하는 분이시고, 고독한 자들과 갇힌 자들, 가난한 자들을 도우시고, 백성들 앞에 앞서 나가며 싸우시는 분입니다. 시인은 이스라엘의 모든 것이 되어주신 하나님께 감사와 찬양을 드립니다.

**[시편 69편]** 자신의 무고함에도 불구하고 고난 가운데 처해진 시인이 깊은 탄식 가운데 부르짖고 있습니다. 그러나 하나님만이 자신의 기도를 듣고 계시며, 하나님만이 자신의 고난을 외면하지 않으시고 반드시 건져주실 것이라는 믿음이 그의 영혼 깊숙한 곳에 자리 잡고 있습니다. 시인은 하나님을 찬양하는 가운데 고난을 이길 힘과 지혜와 용기를 얻을 수 있는 것입니다.

**[시편 70편]** 다윗은 자신을 '주를 찾는 모든 자들' (시 70:4) 속에 포함시키고 있습니다. 그리고 하나님께서는 고통 가운데 있는 경건한 자 곧 의인의 기도를 외면하지 않으실 것이라고 고백하며 믿음을 더욱 견고히 합니다.

**[시편 71편]** 시인은 하나님께 자신이 나이가 들고 늙어도 자신을 버리지 말아 달

라고 기도합니다. 시인은 인간의 관심보다 하나님의 관심을 요청하고, 하나님을 의지함으로 지혜로운 인생을 살아갑니다.

[시편 72편] 이 시편은 솔로몬의 찬양입니다. 솔로몬은 이 시편에서 하나님께 지혜를 구하고 있습니다. 하나님께서 주신 솔로몬의 지혜는 세상에서 가장 뛰어났습니다.

| | |
|---|---|
| **찬양** | 영광의 왕께 다 경배하며 _ 새 찬송가 67장 〈통 31장〉 |
| **나를 위한 기도** | 내 자신의 삶을 되돌아보며 죄악의 모습을 회개하게 하시고 마음 중심에서부터 하나님을 찬송하며 감사하는 삶을 살게 하소서. |
| **공동체를 위한 기도** | 황소를 드림보다 진정한 노래를 기쁘게 받으시는 하나님을 기억하며 온 맘으로 찬양과 경배를 올려드리는 공동체가 되게 하소서. |
| **하나님의 마음 알아가기** | |
| **삶으로 실천하기** | |

창세기 말라기

May 5/29

149

## 시편 73~78편

# 시와 찬미

Tong Point 하나님께서 역사 속에서 행하신 크고 놀라운 일들을 기억하는 것은 어떤 상황 속에서도 하나님을 향한 신뢰가 흔들리지 않도록 붙들어줍니다.

[시편 73편] 시인은 하나님의 성소에 들어갔을 때 악인들의 종말이 어떠할 것인지 비로소 깨달았다고 고백합니다. 의인의 길은 여호와께서 인정하시지만 악인의 길은 망할 것임을 확신하게 된 것입니다. 진실로 하나님을 자기의 영원한 분깃으로 삼는 사람은 하나님 안에서 참된 복을 누리게 될 것입니다.

[시편 74편] 시인 아삽은 하나님께 "주께서 어찌하여 우리를 영원히 버리시나이까"(시 74:1)라고 간곡하게 부르짖으며 하나님을 찾습니다. 이스라엘의 내외적인 상황이 모두 처참한 형편이라는 것을 알 수 있습니다. 그러나 이어서 아삽은 과거에 하나님께서 은혜를 베푸신 역사를 회고하면서 자기 백성과 맺으신 하나님의 언약을 기억해달라고 간구합니다.

[시편 75편] 의인은 고난 중에도 하나님을 찾고, 하나님께 호소하며, 끝까지 하나님을 신뢰하는 자들입니다. 반면 악인들은 하나님이 없다고 말하며, 하나님 앞에서 교만한 자들입니다. 의인은 하나님과 더불어 복을 누리겠지만, 악인은 멸망을 당하게 될 것입니다.

[시편 76편] 이 시편은 하나님의 성읍과 성소의 영광을 노래하는 시온의 노래입니다. 하나님께서 땅의 모든 '온유한 자'를 구원하시려고 심판하러 일어나신 때에는 땅이 두려워 잠잠합니다. 그러므로 시인은 세상 모든 민족과 왕들은 마땅히 하나님께 예물을 드리라고 선포하고 있습니다.

**[시편 77편]** 아삽은 주의 크신 권능과 그 구원은 변함없으며, 그에 대한 확신이 부족해 불안해하는 것은 인생의 연약함 때문이라고 고백합니다. 아삽은 거룩하고 크신 하나님을 찬양하며, 그분의 능력을 신뢰하는 고백을 드림으로 자신의 연약함을 이겨내고 있습니다.

**[시편 78편]** 시편 78편은 시편 105, 106, 136편과 함께 역사 시편입니다. 출애굽 사건과 광야 여정을 중심으로 한 역사와 거기서 얻은 교훈을 함께 담고 있습니다. 시인은 하나님에 대한 조상들의 반역에도 불구하고 하나님께서 유다와 시온 산과 다윗을 택하신 것을 찬양하며 하나님을 송축합니다.

| | |
|---|---|
| **찬양** | 뜻 없이 무릎 꿇는 _ 새 찬송가 460장 〈통 515장〉 |
| **나를 위한 기도** | 고난 중에도 하나님을 찾으며 나의 사정을 아룀으로 응답받게 하시고 나의 영원한 분깃이 되시는 하나님을 경험하게 하소서. |
| **공동체를 위한 기도** | 하나님께서 역사 속에서 행하신 크고 놀라운 일들을 기억하며 어떤 상황 속에서도 결코 흔들리지 않는 신앙 공동체가 되게 하소서. |
| **하나님의 마음 알아가기** | |
| **삶으로 실천하기** | |

창세기 말라기

May
5/30
150

## 시편 79~85편

# 시와 찬미

**Tong Point** 시인은 하나님이 임재하시는 장막에 함께 거하기를 갈망하며, 주의 궁정에서의 한 날이 다른 곳에서의 천 날보다 낫다고 노래합니다.

**[시편 79편]** 아삽은 하나님께 "우리 이웃에게 비방거리가 되며 우리를 에워싼 자에게 조소와 조롱거리가 되었나이다"(시 79:4)라고 울부짖습니다. 그러나 아삽은 이것이 조상들의 죄 때문이라고 항변하지 않습니다. 오히려 아삽은 예루살렘 멸망의 원인이 자신들의 죄에 있음을 고백하고 공의의 하나님께 용서를 구합니다.

**[시편 80편]** 아삽은 하나님께 구원을 요청하면서 세 가지 중요한 이미지를 사용합니다. '목자와 양', '왕과 백성', '농부와 포도나무'가 바로 그것입니다. 구약성경에서 이러한 이미지들은 하나님과 이스라엘 백성과의 떼려야 뗄 수 없는 관계를 아주 잘 나타내줍니다.

**[시편 81편]** 시인은 "내가 그의 어깨에서 짐을 벗기고 그의 손에서 광주리를 놓게 하였도다"(시 81:6)라는 하나님의 말씀을 통해 애굽에서 그들을 구원해주신 하나님을 기억하며 찬양합니다. 이스라엘 백성은 이 시편의 노래를 통해 그들이 하나님의 음성을 듣지 않았을 뿐 아니라 하나님을 섬기기를 원하지 않아 하나님께 버림받은 사건을 절기마다 기억하며, 하나님을 떠나지 않을 것을 다짐했습니다.

**[시편 82편]** 하나님께서는 가난하고 소외되고 약한 자들의 하나님이십니다. 가진 자들이 가난한 자와 고아, 과부, 억울한 자들의 현실을 보살피는 사회가 바로 우리 하나님께서 원하시는 사회입니다.

**[시편 83편]** 하나님께서는 이방 나라의 하나님도 되시며, 온 세상의 하나님이십니다. 아삽은 마침내 모든 사람들이 하나님만이 온 세계의 지존자가 되심을 알게 되길 기대한다고 고백합니다.

**[시편 84편]** 이 시편의 시인은 주의 궁정을 갈망합니다. 하나님께서 주의 장막에 계시기 때문입니다. 시인이 주의 궁정에서의 한 날이 다른 곳에서의 천 날보다 낫다고 노래하는 이유가 여기에 있습니다.

**[시편 85편]** 시인은 하나님께 진노를 거두어달라고 간구하고, 하나님께서 이스라엘에게 베푸셨던 은혜를 회상하며 다시 한 번 주의 인자하심과 구원을 허락해달라고 기도합니다. 시인의 고백처럼 이스라엘의 역사는 하나님의 은총을 받은 역사라 할 수 있습니다. 그러므로 그들에게는 화평이 있을 것입니다.

| | |
|---|---|
| **찬양** | 너 시온아 이 소식 전파하라 _ 새 찬송가 501장 〈통 255장〉 |
| **나를 위한 기도** | 나의 능력이 되시는 하나님을 기쁘게 노래하며 날마다 하나님의 인자하심과 구원을 경험하며 살게 하소서. |
| **공동체를 위한 기도** | 우리 공동체가 하나님께서 임재하시는 장막에 거하기를 갈망하며, 주의 궁정에서의 한 날이 다른 곳에서의 천 날보다 낫다는 고백을 드리게 하소서. |
| **하나님의 마음 알아가기** | |
| **삶으로 실천하기** | |

May
5/31
151

창세기 ― 말라기

## 시편 86~89편

# 시와 찬미

**Tong Point** 하나님께서는 주의 길을 일심과 전심으로 따르는 자들과 그렇게 살아가기 위해 힘쓰는 자를 도우시며 위로하시고, 영원토록 함께해주십니다.

**[시편 86편]** 다윗은 가난과 궁핍, 적들의 위협 아래 놓여 있는 상황 속에서도 '주의 도(道)'를 가르쳐달라고 기도하고 있습니다. 그리고 한마음으로 주의 이름을 경외하며, 마음을 다하여 주의 이름에 영광을 돌리겠다고 아룁니다.

**[시편 87편]** 시온 곧 예루살렘은 하나님의 성읍이며 하나님의 성전이 있는 장소입니다. 시인이 시온 성을 노래하는 중요한 이유는 거기에서부터 하나님의 율법이 선포되기 때문입니다.

**[시편 88편]** 시인은 탄식에 탄식을 거듭하고 있습니다. 그러나 시인은 하나님께서 자신의 부르짖음에 귀를 기울이시고 건져내실 것이라고 믿으며, '주야로', '매일 두 손을 들고', '아침마다' 주님께 부르는 것입니다.

**[시편 89편]** 하나님께서는 다윗에게 먼저 다가오셨고, 다윗을 '내 종'이라 부르셨습니다. 이 관계는 단순한 주인과 종의 관계가 아니라, 사랑의 관계입니다. 그래서 시인은 이것을 아버지와 아들의 관계라고 말하고 있습니다. 하나님과의 관계가 그분의 인자와 성실로 이루어지는 것이라면, 그 관계가 깊어지는 길은 인생들이 하나님의 법과 규례를 순종하는 것에 있습니다.

| | |
|---|---|
| **찬양** | 아 내 맘속에 _ 새 찬송가 411장 <통 473장> |
| **나를 위한 기도** | 나의 영혼이 하나님을 우러러보게 하시고 내 영혼을 만족시키시고 기쁘게 채워주시는 하나님께 늘 귀 기울이게 하소서. |
| **공동체를 위한 기도** | 주님의 길을 전심으로 따르는 자들이 우리 공동체에 가득하게 하셔서 하나님의 영광을 체험하는 복된 공동체가 되게 하소서. |
| **하나님의 마음 알아가기** | |
| **삶으로 실천하기** | |

# 6

June

June
6/1
152

창세기 말라기

## 시편 91~102편

# 시와 찬미

Tong Point 시인은 온 땅의 족속들과 나라를 향해 존귀와 위엄, 능력과 아름다움이 충만하신 여호와께 새 노래로 찬양과 영광을 돌리라고 명령합니다.

[시편 91편] 성경은 하나님을 찾는 자가 그분의 사랑을 입는다고 말하고 있습니다(잠 8:17). 그 마음이 하나님께로 향하여 있는 자들에게 하늘의 복이 주어질 것입니다.

[시편 92편] 악인의 형통만큼 의인들을 괴롭게 하는 일은 없을 것입니다. 그런데 이 시편의 시인은 그것에 대해 탄식하거나 불평하지 않고 답답함을 말하지 않습니다. 시인은 영원토록 지존하신 하나님을 향해 감사와 찬양을 올려 드립니다. 의인을 위해 하나님께서 행하실 일을 알고 있는 시인은 십현금과 비파와 수금으로 하나님을 찬양하겠노라고 노래합니다.

[시편 93편] 하나님께서는 이 세상을 창조하셨고 또한 다스리십니다. 이 시편은 바로 그것을 노래하고 있습니다. 여호와께서 다스리시니 이 세상은 견고하며 흔들리지 않습니다.

[시편 94편] 위로자 하나님을 바라보는 사람은 어떤 형편에 있든지 평안한 마음을 유지할 수 있습니다. 그분은 자기 백성을 버리지 아니하시며 자기의 소유를 외면하지 아니하시기 때문입니다.

[시편 95편] 땅과 바다의 주인이 되시는 하나님께서 우리의 목자이십니다. 그분 앞에서 마음을 열고 감사함으로 나아가며 즐거이 하나님을 찬양하는 것이 마땅합니다.

[시편 96편] 이 시편의 시인은 첫 문장을 "새 노래로 여호와께 노래하라"로 시작하고 있습니다. 하나님께서 세상을 지으셨을 뿐 아니라 새 일을 행하시기 때문입니다.

[시편 97편] 시인은 하나님께서 세상을 다스리시기 때문에 땅에게 즐거워하라고 말하며 허다한 섬들에게 기뻐하라고 외칩니다. 뿐만 아니라 이와 같은 하나님의 다

스리심은 구체적으로 시온의 기쁨이 되고 유다의 즐거움이 된다고 노래합니다.

[시편 98편] 하나님께서는 의와 공평으로 통치하십니다. 그러기에 하나님 한 분만이 나팔과 호각과 수금과 음성으로 찬양받기에 합당하신 분입니다.

[시편 99편] 거룩하신 하나님의 이름, 그 이름은 세세무궁토록 찬양받으실 이름입니다.

[시편 100편] 하나님께 드리는 찬양과 감사와 예배는 하나님과 우리와의 특별한 관계 속에서 이루어집니다. 우리는 그 관계 안에서 기쁨으로 여호와를 섬기며, 감사와 찬송으로 여호와께 나아갑니다.

[시편 101편] 다윗은 하나님을 찬양하며, 배교자들의 행위를 미워하겠노라고 고백합니다. 바로 그 마음가짐이 그 시대에 하나님의 뜻을 이루는 중요한 통로로 쓰임 받은 것입니다.

[시편 102편] 이 시편은 고난 당한 자가 마음이 상하여 그의 근심을 여호와 앞에 토로하는 기도라고 기록하고 있습니다. 이 시편에는 기도자 개인이 탄원하는 내용만 있는 것이 아니라 공동체의 탄원도 있습니다. 그러나 기도자는 탄원과 동시에 여호와를 찬양합니다.

※ [시편 90편] 신명기 33~34장 말씀(70일)과 함께 묵상합니다.

| | |
|---|---|
| 찬양 | 참 즐거운 노래를 _ 새 찬송가 482장 〈통 49장〉 |
| 나를 위한 기도 | 하나님께서 내 인생을 다스리심을 믿는 마음으로 인생의 큰 파도를 타고 넘는 은총을 베풀어주소서. |
| 공동체를 위한 기도 | 존귀와 위엄, 능력과 아름다움이 충만하신 여호와께 새 노래로 찬양과 영광을 올려드리는 공동체가 되게 하소서. |
| 하나님의 마음 알아가기 | |
| 삶으로 실천하기 | |

June
6/2
153

창세기 말라기

## 시편 103~106편

# 시와 찬미

**Tong Point** 하나님을 경외하는 자에게 베푸시는 놀라운 사랑을 알고 있는 시인에게 있어서 하나님을 찬양하는 일은 가장 최우선이 아닐 수 없습니다.

**[시편 103편]** 왕의 자리에서 누군가에게 명령하는 것에 익숙했던 다윗이 자기 자신의 영혼에게 명령합니다. 그 명령은 바로 "내 영혼아 여호와를 송축하라"(시 103:1)라는 것입니다. 하나님을 경외하는 자에게 베푸시는 놀라운 사랑을 알고 있는 다윗에게 있어서 하나님을 찬양하는 일은 가장 최우선이었습니다. 찬양은 주님이 베푸신 모든 은혜를 기억하는 자의 마땅한 본분이자 특권입니다.

**[시편 104편]** 이 시편 역시 103편과 같이 앞뒤에 "내 영혼아 여호와를 송축하라"라는 명령이 반복되고 있습니다. 시인은 그 찬양의 이유를 하나님의 창조 섭리에서 찾고 있습니다. 하나님의 창조하심을 잊지 않을 때 인간은 하나님 앞에서 겸손하게 됩니다. 하나님께서 맡기신 피조세계에 대한 인간 본연의 의무를 생각하게 되는 것입니다. 그러므로 땅의 기초를 놓으실 뿐 아니라 견고하게 하신 하나님을 찬양하는 일은 인간의 마땅한 본분이자 특권입니다.

**[시편 105편]** 이 시편은 하나님께서 이스라엘 역사 속에서 행하신 기사를 찬양하고 있습니다. 시편 78편과 106편에서 그리했듯이 하나님께서 애굽과 광야에서 어떻게 그들을 도우셨는가를 회상하고 있는 것입니다. 시인은 이에 대해서 하나님께 감사하고 하나님의 이름을 찬양하고 자랑하라고 말합니다.

**[시편 106편]** 시인은 "여호와께 감사하라 그는 선하시며 그 인자하심이 영원함이로다"(시 106:1)라고 선언합니다. 백성들을 향해 이스라엘의 하나님을 영원부터 영

원까지 찬양하자는 시인의 선언도 그분의 신실하심을 의지한 외침인 것입니다. 시인은 애굽과 광야 그리고 약속의 땅에서 이스라엘 백성에게 신실하게 베푸셨던 하나님의 은혜를 회상하며 노래합니다. 신실하신 하나님께 이스라엘이 할 일이 있다면 그것은 '영원부터 영원까지 하나님을 찬양하는 일' (시 106:48)입니다.

| | |
|---|---|
| **찬양** | 주 예수 이름 높이어 _ 새 찬송가 36장 〈통 36장〉 |
| **나를 위한 기도** | 인생이 풀과 들의 꽃과 같이 유한함을 깨닫게 하시고 오직 지존하신 하나님의 사랑과 능력으로 사는 인생 되게 하소서. |
| **공동체를 위한 기도** | 하나님을 경외하는 자에게 베푸시는 놀라운 사랑을 알고, 하나님을 찬양하는 일에 더 큰 열심을 낼 수 있는 공동체가 되게 하소서. |
| **하나님의 마음 알아가기** | |
| **삶으로 실천하기** | |

June
6/3
154

창세기 말라기

## 시편 107~118편

# 시와 찬미

**Tong Point** 하나님 아버지께서 자신의 오른편에 계시다는 믿음 가운데, 시인은 자신의 사정을 스스럼없이 모두 쏟아놓으며 하나님만을 신뢰합니다.

**[시편 107편]** 이 시편은 하나님께서 행하신 일들에 대한 감사의 시편입니다. 신앙 공동체의 감사 시편으로 알려진 이 시편에는 "여호와의 인자하심과 인생에게 행하신 기적으로 말미암아 그를 찬송할지로다"라는 표현이 네 번이나 반복되며 하나님을 찬미하고 있습니다.

**[시편 108편]** 다윗에게는 오직 하나님 한 분만이 그의 힘이었고 그의 모든 것이었습니다. 하나님의 오른손이 그를 돕는다는 믿음이 다윗을 당당하게 만드는 요인이었습니다.

**[시편 109편]** 다윗이 오직 하나님께 기도하는 이유는 하나님만이 악인의 저주에도 불구하고 복을 주실 수 있고 구원해주실 수 있는 분이라는 믿음 때문이었습니다. 그 믿음이 다윗을 다시 일으켜 세우는 힘의 원천이었습니다.

**[시편 110편]** 이 시편은 신약성경에서 많이 인용되는 시편 가운데 하나입니다. 이 시편에서 말하는 '내 주'는 예수 그리스도를 가리킵니다. 주의 권능의 날에는 주의 백성들, 새벽 이슬 같은 주의 청년들이 주께로 나아올 것입니다.

**[시편 111편]** 시인은 하나님께서 행하신 일들에 대해서 전심으로 감사하겠다는 선언으로 시작하고 있습니다. 영원토록 여호와를 찬양하는 것이야말로 인생들의 사명이자 특권입니다.

**[시편 112편]** 여호와를 경외하는 자는 정직한 자이고, 은혜를 베푸는 자이며, 의인입니다. 잠언의 내용과 빗대어 본다면 여호와를 경외하는 자는 지혜로운 자이기도 합니다.

**[시편 113편]** 하나님께서는 '가난한 자'와 '궁핍한 자'를 일으켜 세우셔서 높이시고, 또한 임신하지 못하던 여자로 하여금 어머니가 되게 하시는 분입니다. 그분의

이름은 해 돋는 데부터 해 지는 데까지 찬양받으실 이름입니다.

**[시편 114편]** 시인은 바다는 도망가고, 요단 강은 물러가고, 산들은 숫양 같이, 작은 산들은 어린 양 같이 뛰놀았다고 표현합니다. 그런데 그러한 모든 것들이 창조주 하나님의 권능 앞에서는 비할 바 되지 못합니다. 하나님의 크신 능력이 찬양의 제목입니다.

**[시편 115편]** 시인은 오직 하나님 한 분만이 참 신이요, 사람의 손으로 만들어진 모든 것은 거짓 신임을 고백합니다. 시인은 반복적으로 하나님을 찬양하라고 강조합니다. 그분의 이름은 영원토록 송축 받으시기에 합당하십니다.

**[시편 116편]** 시인은 죽음의 위기에서 하나님께 서원하며 간절히 기도하여 도우심을 얻었습니다. 시인은 이 경험 후에 하나님께 감사를 고백하며 자신이 서원한 바를 이루겠다고 다짐합니다.

**[시편 117편]** 이 시편은 시편 가운데 가장 짧지만, 이 시편만큼 세상 모든 나라들과 모든 백성에게 우렁찬 명령을 하는 시도 없을 것입니다. 이 시인의 외침과 같이 온 세상이 인자하시고 진실하신 하나님을 찬양함이 마땅합니다.

**[시편 118편]** 이 시편에서는 백성의 지도자가 전쟁을 승리로 인도하신 하나님께 감사를 드리고 있습니다. 이에 회중들은 하나님의 인자하심을 고백하며 그 구원의 능력을 찬양하고 있습니다.

| | |
|---|---|
| **찬양** | 그 크신 하나님의 사랑 _ 새 찬송가 304장 〈통 404장〉 |
| **나를 위한 기도** | 오늘도 내 마음을 정하여 하나님께 노래하며 살게 하시고 내 기도에 응답하시는 참 좋으신 하나님을 만나게 하소서. |
| **공동체를 위한 기도** | 하나님 아버지께서 항상 함께하신다는 믿음 가운데, 우리의 형편과 사정을 스스럼 없이 모두 쏟아놓으며 하나님만을 신뢰하는 공동체가 되게 하소서. |
| **하나님의 마음 알아가기** | |
| **삶으로 실천하기** | |

FAMILY WORSHIP
가정예배

# 후손에 이어지는 신앙

시편 67~118편

**기도로 예배를 시작하세요.**

이 시간, 우리 가정이 모여 하나님께 드리는 이 예배를 기뻐 받아주시고, 예배드리는 가운데 하나님의 마음과 뜻을 깨달아 알 수 있도록 지혜를 주소서.

**함께 찬양을 부르세요.**

"너 하나님께 이끌리어" 새 찬송가 312장 (통 341장)

**성경을 소리 내어 함께 읽고 자녀에게 오늘 본문의 통通 이야기를 들려주세요.**

*시편 78편 1~8절

이스라엘 백성에게는 하나님께서 그들을 옛적부터 인도해오신 오랜 역사를 기억하는 마음이 있었습니다. 그리고 하나님께서 인도하신 구원의 역사를 후손들에게 전했어요. 바로 이 구원 역사에 대한 기억을 통해 그들은 더 밝은 미래를 소망하며 나아갈 수 있었습니다.

**말씀을 통해 알 수 있는 하나님의 마음을 생각하며 함께 마음을 나누어보세요.**

- 하나님께서 우리의 삶을 인도하고 계신다는 것을 경험하며 기억하는 것은 신앙의 성장에 큰 도움이 됩니다. 지금까지 우리를 인도하신 그 사랑을 다시금 되새겨보세요.

- 우리 마음에 은혜와 감사로 남아 있는 하나님에 대한 기억을 가족과 친구들과 함께 나눌 수 있는 시간을 마련해보세요.

**부모가 자녀에게, 자녀가 부모님께 축복의 말을 나눕니다.**

"하나님의 사랑을 늘 경험하고 기억하세요."

**함께 기도하며, 연이어 주님이 가르쳐주신 기도로 예배를 마칩니다.**

하나님께서 지금까지 선하신 손길로 우리의 인생을 보호하시고 인도하셨음을 기억하고, 참 좋으신 하나님을 주변 사람들에게 전하게 해주세요.

June
6/4
155

창세기 말라기

## 시편 119편

# 시와 찬미

**Tong Point** 주의 율례와 계명과 법도를 사모하며 그 교훈에 따라 살기로 다짐하는 이에게 주의 말씀은 그 발에 등이요, 그 길에 빛이 되실 것입니다.

시편 119편은 시편 중에서 가장 긴 시편입니다. 기록상 작자 미상의 시편이지만 그 내용으로 미루어 보았을 때 에스라가 지었을 것이라고 추정합니다. 전체 176절 가운데 몇 구절을 제외한 모든 구절에 '하나님의 말씀'을 의미하는 '법', '율례', '규례', '법도', '계명', '명령', '말씀', '약속', '길', '도'(道) 등의 많은 용어가 나올 정도로, 하나님 말씀의 중요성을 매우 강조하고 있습니다.

시인은 "주의 의는 영원한 의요 주의 율법은 진리로소이다"(시 119:142)라고 노래하며 자신과 자신의 공동체가 하나님의 말씀에 기반하여 기초부터 튼튼히 세워져가기를 소망하였습니다. 시인은 사람이 진정으로 하나님 앞에 바로 서기 위해서는 하나님의 말씀대로 자신의 마음부터 다시 쌓아올려야 함을 잘 알고 있었던 것입니다. 하나님의 말씀을 강조하고 있는 이 시편에서 자신과 자신의 공동체가 바로 서기를 꿈꾸는 시인의 마음을 느낄 수 있습니다.

| | |
|---|---|
| **찬양** | 주의 말씀 듣고서 _ 새 찬송가 204장 〈통 379장〉 |
| **나를 위한 기도** | 하나님의 말씀으로 나의 행실을 깨끗하게 하시고 내 눈을 열어서 주의 기이한 것을 바라보게 하소서. |
| **공동체를 위한 기도** | "주의 말씀은 내 발에 등이요, 내 길에 빛이니이다"라는 고백을 이어가며 말씀 안에서 기뻐하며 순종하는 공동체가 되게 하소서. |
| **하나님의 마음 알아가기** | |
| **삶으로 실천하기** | |

June
6/5
156

창세기 말라기

## 시편 120~134편

# 시와 찬미

Tong Point 기쁨으로 주의 성전을 향해 오르며 하나님의 도움을 찬양하는 이들의 발걸음에 복 주시는 하나님, 그분과의 깊은 교제가 즐거움이 됩니다.

[시편 120편] 시편 120편부터 134편은 절기 때 예루살렘 성전에 도착하는 순례자들이 부르는 노래입니다. 시인은 자신이 살던 곳이 속임과 다툼으로 얼룩진 곳임을 밝히고 자신을 그곳에서 건져 달라고 하나님께 간구하고 있습니다.

[시편 121편] 하나님의 돌보심은 찬양의 제목입니다. 시인은 출애굽 당시에 이스라엘을 돌보셨던 하나님께서 지금도 살아 역사하심을 고백하고 있습니다.

[시편 122편] 이스라엘 남자들은 일 년에 세 차례 예루살렘 성전에 와야 했습니다. 이 예루살렘 성전에 다다르는 자들은 이 시인의 고백처럼 기쁨이 넘칩니다.

[시편 123편] 주변 사람들의 괴롭힘에 시달려온 시인은 하나님께 도우심을 구합니다. 시인은 스스로 아무런 조치를 취할 수 없지만, 하나님의 도우심을 간절히 구하며 하나님의 구원의 손길을 기다립니다.

[시편 124편] 다윗은 자신을 쫓는 모든 자의 손에서 벗어날 때마다 하나님의 은혜를 기억하였습니다. 이 시편은 원수의 손에서 벗어난 후에 하나님의 도우심을 고백하며 지은 시입니다.

**[시편 125편]** 예루살렘 성전은 하나님께서 임재하시는 거룩한 곳이었습니다. 시인은 그 예루살렘 성전을 바라보면서 하나님께서 의인들을 선대하시기를 소망하고 있습니다.

**[시편 126편]** 이스라엘 백성이 70년의 포로생활을 마치고 성전을 재건하기 시작했을 때 수많은 어려움을 겪었습니다. 하지만 시인은 포로에서 풀려났을 때의 기쁨을 회상하면서 지금의 어려움을 이겨내자고 제안하고, 어려움이 지나면 더 큰 기쁨의 결실을 얻을 수 있을 것이라고 설득합니다.

**[시편 127편]** 이 시편은 솔로몬의 지혜를 담은 시편입니다. 솔로몬은 자녀를 낳고 기르는 것을 하나님의 역사를 체험하는 일 중의 하나라고 고백합니다.

**[시편 128편]** 시인은 여호와를 경외하고 그의 길을 걷는 자를 향하여 복을 구하고 있습니다. 그 복은 가족들이 건강하고 자녀들이 하나님 보시기에 아름답게 자라는 것입니다.

**[시편 129편]** 이스라엘의 역사를 돌이켜보면 그들은 강대국에 의해서 시달림을 받은 적이 많았지만 그때마다 하나님께서 지켜주셨습니다. 시인은 그들이 자신을 여러 번 괴롭게 하였으나 하나님의 도우심으로 인해 승리하였음을 노래합니다.

**[시편 130편]** 시인은 하나님께 전심으로 부르짖으며, 간절하게 하나님의 말씀을 받기를 소원합니다. 시인은 하나님의 응답이 더딜지라도 하나님께서 반드시 그분의 때에 응답해주실 것을 믿고 신뢰합니다.

[시편 131편] 다윗은 하나님에 대한 마음이 흔들리지 않는 확고한 믿음이 있습니다. 그 믿음의 고백들이 다윗의 노래가 되었습니다.

[시편 132편] 다윗 왕의 후손들을 찬양하는 제왕시입니다. 시인은 다윗이 행한 일들을 나열하면서 그의 후손을 향해 축복을 돌리고 있습니다.

[시편 133편] 다윗이 성전에서 하나님을 위해 헌신하는 제사장들과 레위인들의 연합과 협력을 보며 하나님께 복을 빌고 있습니다. 하나님을 향한 그들의 헌신을 소중하게 여겼기 때문입니다.

[시편 134편] 백성들이 절기 기간 동안 성전에서 일하는 제사장들과 레위인들을 향해 하나님을 찬양하라고 요청합니다. 그러자 이에 대한 응답으로 제사장이 백성들을 축복합니다.

| | |
|---|---|
| **찬양** | 눈을 들어 산을 보니 _ 새 찬송가 383장 〈통 433장〉 |
| **나를 위한 기도** | 오늘도 하나님의 말씀과 인도하심 안에서 실족하지 않는 인생이 되어서 나의 영혼과 삶을 지키게 하소서. |
| **공동체를 위한 기도** | 매 주일 기쁨으로 주의 성전을 향해 오르며 하나님을 찬양하는 이들의 발걸음에 복 주시는 하나님을 예배하는 신앙 공동체가 되게 하소서. |
| **하나님의 마음 알아가기** | |
| **삶으로 실천하기** | |

June
6/6
157

창세기 말라기

## 시편 135~142편

# 시와 찬미

**Tong Point** 모든 인생들의 생각과 행동을 감찰하는 하나님이시기에, 그 분께서 내 입술에 파수꾼을 세워주시기를 간구하며 엎드립니다.

**[시편 135편]** 시인은 하나님께서 이스라엘을 구원하신 참 신이며, 우상은 손으로 만든 조각에 불과하다고 선포하고 있습니다. 위대하신 하나님을 송축하며 찬양할 이유가 여기에 있습니다.

**[시편 136편]** 이 시는 유월절 때 부르는 노래입니다. 제사장들이 제시하는 감사의 이유에는 모세오경의 내용이 함축되어 있습니다. 만물을 지으시고, 이스라엘을 구원하신 하나님을 찬양하며 이스라엘이 마땅히 감사해야 함을 피력합니다.

**[시편 137편]** 예루살렘이 바벨론에 함락되고 이스라엘 백성이 바벨론의 강가로 끌려가서 자신들의 과거를 돌아보고 있을 때를 회상하며 지은 시입니다. 시인은 자신들의 비참한 상황을 호소하고 자신들의 원수들을 하나님께 고발하고 있습니다.

**[시편 138편]** 다윗이 성전 앞에서 감사와 찬양의 고백을 하고 있습니다. 그는 하나님께서 자신의 기도를 들으시고 응답하심을 감사히 여깁니다. 그리고 자신이 어떠한 어려움과 곤경에 처하더라도 하나님께서 끝까지 구원해주실 것을 믿는 믿음을 고백합니다.

**[시편 139편]** 다윗은 자신이 쫓기고 있는 상황 가운데 있으며 죽임을 당할 위험에 처해 있다고 말합니다. 그는 자신이 하나님을 미워하는 자들을 미워했노라고 하나님을 향해 탄원합니다. 그러나 다윗은 결국 모든 것이 하나님의 뜻임을 노래하며 하나님의 구원을 바라고 믿음을 다시 굳게 세웁니다.

**[시편 140편]** 다윗이 사울에게 쫓김을 당할 때 그를 보호해줄 사람은 아무도 없었습니다. 그래서 다윗은 하나님께 악인들을 심판하여 달라고 청원하고 있습니다. 다

윗은 악인들로부터 핍박을 받을 때, 그들을 대적하기보다는 하나님의 공의로운 심판을 기대하며 참아냈던 것입니다.

**[시편 141편]** 다윗은 악인들을 대적하기보다는 하나님께 호소하며 하나님의 심판을 간구합니다. 이는 그가 공평하신 하나님을 신뢰하고 그분의 판결을 의지했기 때문입니다. 그 후 다윗은 자신의 입술에 파수꾼을 세워달라고 기도하며 악으로부터 자신을 지켜달라고 간청하며 기도합니다.

**[시편 142편]** 다윗이 사울 왕의 추격대를 피해 쫓겨다닐 때 굴속에 숨은 적이 여러 차례 있었습니다. 다윗은 그곳에서 하나님께 부르짖어 하나님의 도우심을 청했습니다. 다윗은 원수들의 손에서 건짐을 받고 하나님께 감사를 드릴 수 있는 그날이 오기를 꿈꾸며 간절히 기도하고 있습니다.

| | |
|---|---|
| **찬양** | 아 하나님의 은혜로 _ 새 찬송가 310장 <통 410장> |
| **나를 위한 기도** | 하나님의 인자하심이 영원하심을 믿으며 나의 기업이 되시고 나를 기억하시는 하나님께 영광을 돌리게 하소서. |
| **공동체를 위한 기도** | 우리 공동체가 홀로 기이한 일을 행하신 하나님의 이름을 찬양하며, 지혜로 하늘을 지으신 이에게 감사하는 공동체가 되게 하소서. |
| **하나님의 마음 알아가기** | |
| **삶으로 실천하기** | |

June
6/7
158

창세기 말라기

## 시편 143~150편

# 시와 찬미

**Tong Point** 왕이신 하나님, 인자하심이 영원하시며 무궁하신 하나님, 그분을 찾는 모든 자에게 가까이하시는 사랑의 하나님을 찬양합니다. 할렐루야!

**[시편 143편]** 다윗은 마음이 절박하고 조급한 상황에 놓여 있지만 희망을 가지고 하나님께 기도합니다. "여호와여 주의 이름을 위하여 나를 살리시고 주의 의로 내 영혼을 환난에서 끌어내소서"(시 143:11). 다윗은 간구할 때마다 항상 도움을 주시는 하나님의 능력을 의지하면서 그 입술에 찬송을 잊지 않았습니다.

**[시편 144편]** 시인은 하나님을 자기 하나님으로 삼는 백성은 복 받은 백성이라고 고백합니다. 하나님께서는 자녀들을 잘 자라나게 하시며, 풍요롭게 하시고, 자기 백성을 돌보아주시는 분이기 때문입니다.

**[시편 145편]** 이 시편에는 하나님을 찾는 모든 자들에게 복을 주시는 하나님, 그 하나님을 송축하겠다는 시인의 강력한 의지가 담겨 있습니다. 다윗은 자신을 왕이라 칭하지 않고, 오직 하나님만을 왕으로 받들어 영원히 송축하겠다고 고백합니다. 또한 자신을 통하여 하나님의 위대하심을 모든 열방에게 전하겠다고 기도하고 있습니다.

**[시편 146편]** 시편 146~150편은 '할렐루야'로 시작하여 '할렐루야'로 끝을 맺습니다. 시인은 천지를 지으신 하나님께서 가난한 자, 고아와 과부와 나그네를 돌보신다고 고백합니다. 하나님께서는 억눌린 자와 주린 자를 살피시고 그들을 도와주시는 분입니다.

**[시편 147편]** 찬양받기에 합당하신 하나님의 여러 면모 가운데, 이 시편은 특히 세상 만물을 주관하시는 하나님과 이스라엘을 돌보시는 하나님을 찬양하고 있습니다. 그리고 그 무엇보다도 이스라엘은 그들에게 율법과 규례를 선물로 주신 하나님을 찬양합니다.

[시편 148편] 이 시편은 하나님을 찬양하도록 모든 피조물들을 초대하고 있습니다. 우주에 있는 모든 피조물과 호흡이 있는 모든 사람들에게 모두 여호와를 찬양하라고 외치고 있습니다. 하나님께서는 우리의 찬양을 받기에 합당하신 창조주이시기 때문입니다.

[시편 149편] 이 시편은 전쟁에서 승리한 후에 그 승리를 축하하며 하나님께 찬양을 올려드리는 시입니다. 시인은 원수들과의 전쟁에서 승리를 주신 하나님께 여러 악기들과 함께 새 노래로 춤을 추며 하나님을 찬양합니다.

[시편 150편] 시인은 호흡이 있는 모든 살아있는 사람들이 하나님을 찬양해야 한다고 선포합니다. 호흡이 있는 자마다 전능하고 위대하신 하나님을 찬양해야 할 것입니다. 할렐루야!

| | |
|---|---|
| **찬양** | 찬송하는 소리 있어 _ 새 찬송가 19장 〈통 44장〉 |
| **나를 위한 기도** | 오늘도 하나님의 크신 은혜를 기념하는 날이 되게 하시고 하나님의 말씀을 믿고 따르는 은혜로 충만하게 하소서. |
| **공동체를 위한 기도** | 하나님의 능하신 행동을 찬양하며 그분의 지극히 위대하심을 따라 찬양하고, 호흡을 주신 하나님께 찬양을 드리는 찬양의 공동체가 되게 하소서. |
| **하나님의 마음 알아가기** | |
| **삶으로 실천하기** | |

June
6/8
159

창세기 말라기

열왕기상 12~14장

## 남북분열과 여로보암의 길

Tong Point 분열된 남북 이스라엘은 하나님을 섬기는 본연의 모습에서 점점 멀어져가고, 여로보암은 악한 왕의 대명사가 됩니다.

다윗의 신앙과 정치적 성공을 계승하지 못한 솔로몬은 남북분단의 씨앗을 잉태시켰습니다. 솔로몬의 아들 르호보암 역시 아버지의 신앙과 정치의 폐단들을 그대로 이어갑니다. "왕은 이제 왕의 아버지가 우리에게 시킨 고역과 메운 무거운 멍에를 가볍게 하소서"(왕상 12:4)라고 호소하는 백성들에게 르호보암은 더 혹독하게 백성들을 다스리겠다고 대답합니다. 이 같은 르호보암의 어리석음으로 말미암아 이스라엘은 남과 북으로 분열되는 아픔을 겪게 됩니다.

하나님께서는 여로보암에게 북쪽 열 지파를 떼어 맡기시며, 다윗처럼 하나님 안에서 정의와 공의의 정치를 행하라고 당부하십니다. 그런데 점차 교만해진 여로보암은 일 년에 세 차례씩 예루살렘으로 성인 남자들을 보내라 하신 하나님의 명령을 거역하고, 벧엘과 단에 금송아지 우상을 세웁니다. 또한 보통 백성으로 제사장을 세우고, 하나님께서 정하신 절기 날짜도 마음대로 바꿔버립니다. 이로써 여로보암은 악한 왕의 대명사가 되는 불명예를 안게 됩니다. 이후 하나님께서는 이스라엘 왕들의 길을 '다윗의 길'과 '여로보암의 길'로 평가하시는데, 안타깝게도 북이스라엘은 19명의 왕들 모두가 '여로보암의 길'을 따릅니다.

| | |
|---|---|
| **찬양** | 구원으로 인도하는 _ 새 찬송가 521장 〈통 253장〉 |
| **나를 위한 기도** | 부지중에 우상숭배하는 나의 모습을 회개하게 하시고 하나님만을 섬기는 그리스도인으로 늘 승리하게 하소서. |
| **공동체를 위한 기도** | 신앙을 정치적으로 이용했던 여로보암의 악행을 기억하며, 하나님을 향한 믿음의 고백을 세상의 그 어떤 것과도 바꾸지 않는 공동체가 되게 하소서. |
| **하나님의 마음 알아가기** | |
| **삶으로 실천하기** | |

창세기 말라기

June
6/9
160

## 열왕기상 15장~16:20

# 분쟁하는 남북왕국

**Tong Point** 역사가 진행될수록 이스라엘 왕들의 악행은 계속되었지만, 하나님은 죄악의 수렁으로 빠져가는 이스라엘을 포기하지 않으십니다.

남 유다에서는 르호보암의 아들 아비얌을 이어 아사가 왕이 됩니다. 아사는 나라 안에 있는 모든 우상을 없애고 하나님을 믿는 신앙으로 국가를 새롭게 하고자 노력하였습니다. 그러나 아사 왕 36년째 되는 해에 북이스라엘 바아사가 남유다를 치러 올라오자, 아사는 아람 왕 벤하닷에게 여호와의 성전 곳간과 왕궁 곳간에서 취한 좋은 것들을 바치면서 북이스라엘을 대신 쳐달라고 부탁합니다. 이때 선견자 하나니가 아사 왕의 잘못을 꾸짖자, 화를 내며 하나니를 옥에 가두기까지 합니다. 결국 아사는 말년에 발에 병이 들어서 인생을 마칩니다.

그 무렵 북이스라엘에서는 바아사가 여로보암의 아들 나답을 죽이고 스스로 왕이 됩니다. 선지자 아히야의 예언대로 여로보암 가문이 멸절된 것입니다. 그러나 바아사 역시 여로보암의 길에서 돌이키지 않았고, 그의 뒤를 이어 그의 아들 엘라가 왕위에 오르나 장관 시므리가 모반을 일으켜 엘라를 죽이고 대신 왕이 됩니다. 이 소식을 들은 백성들이 군대 지휘관 오므리를 이스라엘의 왕으로 삼아 시므리가 있는 곳을 에워쌉니다. 성읍이 함락되는 것을 본 시므리는 왕궁에 불을 지르고 그 가운데서 삶을 마감합니다.

| | |
|---|---|
| **찬양** | 어서 돌아오오 _ 새 찬송가 527장 〈통 317장〉 |
| **나를 위한 기도** | 내 주변에 믿음의 본을 보이는 사람에게 겸손히 배울 마음을 주시고 사람들과의 갈등과 분열의 문제를 믿음과 사랑으로 풀게 하소서. |
| **공동체를 위한 기도** | 점점 더 죄악의 수렁으로 빠져가는 이스라엘 백성을 끝내 포기하지 않으시는 하나님의 다함없는 사랑을 온 세상을 향해 외치는 공동체가 되기를 원합니다. |
| **하나님의 마음 알아가기** | |
| **삶으로 실천하기** | |

창세기 말라기

June
6/10
161

## 열왕기상 16:21~17장

# 오므리 왕조

**Tong Point** 오므리에서 그 아들 아합으로 이어지는 북이스라엘의 죄악은 깊어만 가고, 하나님께서는 하나님의 사람 엘리야를 준비하여 보내십니다.

북 왕국에서는 계속해서 쿠데타가 이어집니다. 군대 지휘관이던 오므리도 쿠데타로 정권을 잡아 정치적으로도 대단히 성공을 거두고, 시돈 사람의 딸 이세벨을 아들 아합의 아내로 데려왔습니다. 솔로몬 때 수많은 이방 여인들에 의해 예루살렘이 우상박물관이 되었듯이, 이번에는 이세벨에 의해 북왕국이 바알 신앙으로 점령당하게 됩니다. 성경은 그들의 우상숭배에 대해 "그 이전의 이스라엘의 모든 왕보다 심히 이스라엘 하나님 여호와를 노하시게 하였더라"(왕상 16:33)라고 기록하고 있습니다. 북이스라엘의 악이 가장 극심했던 시기, 그때가 바로 오므리 왕조의 아합 왕 시대입니다.

하나님께서는 안타까운 마음으로 엘리야를 이스라엘에 보내십니다. 하나님께서 선지자를 보내셨다는 이야기는 곧 그 시대가 그만큼 참담했다는 것을 반증합니다. 엘리야는 자신의 온몸을 던집니다. 그의 사역은 '이스라엘 백성이 하나님의 백성으로서 어떻게 살 것인가'를 가르치는 차원이 아니라, 바알과 하나님 중에서 '누가 참 신이냐?'라는 문제를 놓고 싸우는 차원이었습니다. 이때 하나님께서는 수년 동안 북이스라엘 땅에 비를 내리지 않으심으로써 북이스라엘 백성을 징계하십니다.

| | |
|---|---|
| 찬양 | 어둔 죄악 길에서 _ 새 찬송가 523장 〈통 262장〉 |
| 나를 위한 기도 | 하나님의 말씀에 순종함으로 믿음의 터를 닦게 하시고 그 위에 아름다운 삶을 건축하게 하소서. |
| 공동체를 위한 기도 | 오므리에서 아합으로 이어지는 죄악의 소용돌이 속에서도 엘리야를 준비하여 보내시는 하나님의 마음을 정확하게 알아가는 공동체가 되게 하소서. |
| 하나님의 마음 알아가기 | |
| 삶으로 실천하기 | |

FAMILY WORSHIP 가정예배

## 믿음의 그늘 아래서

시편 119~150편, 열왕기상 12~17장

**기도로 예배를 시작하세요.**

이 시간, 우리 가정이 모여 하나님께 드리는 이 예배를 기뻐 받아주시고, 예배드리는 가운데 하나님의 마음과 뜻을 깨달아 알 수 있도록 지혜를 주소서.

**함께 찬양을 부르세요.**

"구주 예수 의지함이" 새 찬송가 542장 (통 340장)

**성경을 소리 내어 함께 읽고 자녀에게 오늘 본문의 통通 이야기를 들려주세요.**

*열왕기상 12장 1~7절

다윗이 기반을 놓았고, 솔로몬 시대에 꽃을 피웠던 이스라엘의 가장 찬란했던 시대가 지나고, 이스라엘이 둘로 나뉘졌습니다. 만약 솔로몬의 아들 르호보암이 원로들의 지혜로운 조언에 귀를 기울였다면 참으로 멋진 시대를 여는 왕이 되었을 것입니다.

**말씀을 통해 알 수 있는 하나님의 마음을 생각하며 함께 마음을 나누어보세요.**

- 르호보암이 다윗과 솔로몬의 믿음을 잘 물려받았다면 그는 이스라엘의 훌륭한 왕으로 남았을 거예요. 우리는 부모님으로부터 어떤 신앙을 이어받아야 하는지 생각해봅시다.

- 르호보암에게는 중대한 결정을 할 수 있는 3일의 시간이 있었습니다. 우리에게도 이 중요한 3일이 주어졌다면 무엇을 했을까요. 나누어보세요.

**부모가 자녀에게, 자녀가 부모님께 축복의 말을 나눕니다.**

"말씀 안에서 좋은 결정을 합시다."

**함께 기도하며, 연이어 주님이 가르쳐주신 기도로 예배를 마칩니다.**

귀한 믿음을 가진 사람들에게서 좋은 신앙을 배우게 하시고, 우리에게 주어지는 중요한 결정의 때에 좋은 선택과 결정을 하게 해주세요.

June
6/11
162

창세기 　　　　　　　　　　　　　　　　　　말라기

## 열왕기상 18~19장

# 오므리 왕조와 엘리야의 사역

**Tong Point** 갈멜 산에서 하나님의 살아계심을 목격했음에도 불구하고, 어리석은 북이스라엘은 하나님께로 돌이키지 않았습니다.

아합이 북이스라엘을 통치하던 때에 엘리야 선지자가 목숨을 걸고 갈멜 산에서의 '대결'을 신청합니다. 바알 선지자와 아세라 선지자, 총 850명과 엘리야 한 사람의 대결입니다. 바알 선지자와 아세라 선지자들의 제단에는 불이 내려오지 않았지만, 엘리야가 하늘을 우러러 기도하자 하늘에서 불이 내려와 제물과 제단을 태우는 놀라운 일이 벌어집니다. 이 놀라운 광경을 본 백성들은 모두 땅에 엎드리면서 "여호와 그는 하나님이시로다"라고 고백합니다.

그런데 갈멜 산의 기적을 통해 하나님께서 살아계시다는 사실이 드러났음에도 이세벨은 오히려 엘리야를 죽이겠다고 위협을 가했습니다. 목숨이 위태로워진 엘리야는 어쩔 수 없이 도망쳐야 했습니다. 그렇게 도망가다가 지친 엘리야가 로뎀 나무 그늘을 의지해서 쓰러져 있는데 하나님의 천사가 와서 떡과 물을 마시고 힘을 내어 일어나 하나님의 산 호렙으로 가라고 말합니다. 40일 동안 밤낮으로 걸어서 호렙 산에 이른 엘리야에게 하나님께서는 다시 희망을 말씀하시며 하사엘, 예후, 엘리사를 통해 새로운 시대를 여시겠다고 하십니다. 이 하나님의 계획은 엘리사가 엘리야를 따르는 모습을 시작으로 그 서막을 엽니다.

| | |
|---|---|
| 찬양 | 빈 들에 마른 풀같이 _ 새 찬송가 183장 〈통 169장〉 |
| 나를 위한 기도 | 내 인생의 가뭄에서 하나님의 말씀이 단비임을 깨닫게 하시고 오직 여호와가 하나님이심을 믿음으로 승리하게 하소서. |
| 공동체를 위한 기도 | 갈멜 산의 엘리야처럼, 믿음으로 하나님을 선택하며 하나님의 살아계심을 경험하는 공동체가 되기를 원합니다. |
| 하나님의 마음 알아가기 | |
| 삶으로 실천하기 | |

June
6/12
163

창세기 말라기

## 열왕기상 20~22장

# 오므리 왕조의 죄악과 아합의 최후

**Tong Point** 나봇의 포도원을 강탈하는 등 죄악을 일삼던 아합은 미가야의 예언대로 아람과의 전쟁에서 최후를 맞이합니다.

이스라엘의 모든 토지의 소유권은 근본적으로 하나님께만 있으며, 백성들은 그 토지의 경작권만 거래할 수 있었습니다(레 25:23). 그런데 아합 왕이 나봇의 포도원을 탐내어 사기를 원했습니다. 그러나 나봇은 왕이라 하여도 율법을 어길 수는 없다며 아합의 제안을 거절합니다. 그러자 왕비 이세벨이 하나님과 왕을 저주하였다는 거짓혐의를 나봇에게 뒤집어씌우고 그를 죽이고 포도원을 빼앗았습니다.

그러는 동안 남유다의 왕위는 아사에서 그의 아들 여호사밧으로 이어집니다. 여호사밧은 유다 백성들을 하나님께로 돌아오게 하고, 백성들을 공정히 판결하기 위해 재판관도 세웁니다. 그런데 하나님께서 함께하심으로 강대할 수 있었던 여호사밧은 북이스라엘과도 선린우호관계를 유지하고, 아합 가문과 혼인하여 인척관계까지 맺습니다. 이후 여호사밧 왕은 하나님의 뜻을 거스르고, 아람에게서 길르앗 라못을 되찾고자 아합 왕이 벌인 전쟁에 동맹국으로 참여합니다. 이 전쟁에서 아합은 전사합니다. 하나님 앞에서 정직히 행하는 여호사밧이 다스리는 남유다의 역사와 계속해서 죄악으로 깊어가는 북이스라엘의 역사가 서로 대비되면서 열왕기상이 마무리됩니다.

| | |
|---|---|
| **찬양** | 전능왕 오서서 _ 새 찬송가 10장 〈통 34장〉 |
| **나를 위한 기도** | 하나님께서 내 생활의 모든 영역을 뛰어넘으며 역사하시는 분임을 믿으며 내 인생의 산과 평지에서 모두 승리하게 하소서. |
| **공동체를 위한 기도** | 우리 공동체가 하나님께서 계획하신 것은 때가 되었을 때 현실이 된다는 사실을 확신하며, 하나님의 약속을 붙들고 살아가는 공동체가 되기를 원합니다. |
| **하나님의 마음 알아가기** | |
| **삶으로 실천하기** | |

June
6/13
164

창세기 말라기

## 열왕기하 1~2장

## 엘리야에서 엘리사로

**Tong Point** 아하시야의 죄악 된 삶과 통치로 인해 아합 시대의 죄악이 가중되고 있는 가운데, 엘리야의 사역이 엘리사에게로 계승됩니다.

아합의 뒤를 이어 그의 아들 아하시야가 북이스라엘의 왕위에 오릅니다. 성경이 기록하고 있는 아하시야의 행적은 그가 자신의 병을 에그론의 신 바알세붑에게 물었다는 것뿐입니다. 이렇게 아합 가문의 죄악이 온 이스라엘을 뒤덮고 있는 동안, 하나님께서는 엘리사와 선지자의 제자들을 통해 새로운 역사를 준비하고 계십니다. 패역하고 어두운 시대를 밝히기 위해 자신의 사명을 감당했던 엘리야가 불수레를 타고 승천함으로써 이 땅에서의 삶을 마감합니다. 그는 모든 사람들이 바알을 섬기고, 하나님의 선지자들을 죽이는 시대에도 변함없이 하나님에 대한 신앙을 지켰던 사람이었습니다. 그의 사역은 하나님께서 인정하실 만큼 훌륭한 것이었지만 그의 평생의 수고가 맺은 열매는 아직 눈에 보이지 않았습니다.

변할 줄 모르는 시대의 죄악을 바라보며 생을 마감해야 하는 엘리야는 그럼에도 불구하고 그의 제자 엘리사와 선지자의 제자들에게 새로운 소망을 남겨두었습니다. 하나님께서는 엘리야에게 주셨던 '성령의 역사'를 엘리사에게 갑절로 주심으로써 그를 통해 새로운 역사를 펼쳐가실 것임을 보여주십니다.

| | |
|---|---|
| **찬양** | 천성을 향해 가는 성도들아 _ 새 찬송가 359장 〈통 401장〉 |
| **나를 위한 기도** | 나의 연약함을 생명의 주관자 되시는 하나님께 아뢰며 회복의 은총을 입게 하시고 하나님의 영광을 드러내게 하소서. |
| **공동체를 위한 기도** | 죄악이 가중되는 상황에서도 북이스라엘을 사랑하셔서 엘리야와 엘리사를 보내시는 그 놀라운 사랑이 다름 아닌, 우리 공동체를 향한 사랑임을 알게 하소서. |
| **하나님의 마음 알아가기** | |
| **삶으로 실천하기** | |

June
6/14
165

창세기 말라기

## 열왕기하 3~5장

# 엘리사가 베푼 기적의 배경

Tong Point 선지자의 제자들을 교육하는 가운데 엘리사가 베푼 기적에는 그 시대를 바라보시는 하나님의 안타까움이 담겨 있습니다.

엘리야의 뒤를 이은 엘리사의 사역이 수면 위로 드러난 것은 북이스라엘과 모압의 전쟁 때입니다. 아합의 아들 여호람 왕은 여호사밧 왕에게 모압을 치러가자고 제안하면서 여호사밧의 권유대로 엘리사에게 도움을 구하였고, 하나님께서는 엘리사를 통해 이스라엘에게 전쟁의 승리를 주셨습니다. 그러나 북이스라엘은 위기의 순간에만 하나님을 찾을 뿐 마음 깊은 곳에서는 하나님을 사랑하지 않았습니다.

이러한 시대 흐름 속에서 엘리사의 사역은 선지자의 제자들을 교육하는 일에 집중되었고, 이때 많은 기적이 일어났습니다. 한 선지자의 제자의 아내가 과부가 되었는데, 너무도 가난하여 아들이 종으로 팔리게 되었습니다. 가난한 제자의 과부를 돕기 위해 일어난 빈 그릇에 기름이 채워지는 기적은 그런 아픈 시대 상황을 배경으로 합니다. 엘리사가 행한 또 다른 기적은 아람의 장군 나아만의 한센병을 고쳐 준 것입니다. 이 일로 나아만이 하나님을 만군의 주로 고백합니다. 하나님의 백성으로 지명받은 이스라엘은 우상숭배에 빠져 있는데, 이방 백성인 나아만은 하나님의 크고 놀라우심을 체험하고 믿음을 고백하였던 것입니다.

| | |
|---|---|
| 찬양 | 하나님의 진리 등대 _ 새 찬송가 510장 〈통 276장〉 |
| 나를 위한 기도 | 하나님께서 기뻐하는 사람과의 동행이 축복이 되는 삶임을 알게 하시고 늘 믿음의 사람들을 만날 수 있는 기회를 허락하소서. |
| 공동체를 위한 기도 | 시대의 악함을 온몸으로 부딪히며 귀한 사명을 감당했던 엘리사와 같이 이 시대의 어두운 현실을 함께 밝히는 교회 공동체가 되게 하소서. |
| 하나님의 마음 알아가기 | |
| 삶으로 실천하기 | |

June

6/15

166

창세기 말라기

## 열왕기하 6~8장

# 오므리 왕조와 엘리사의 사역

**Tong Point** 아람이 사마리아 성을 둘러싸고 있는 위기의 순간에 하나님께서는 놀라운 기적을 통해 북이스라엘을 구원해주십니다.

하나님을 경외하는 마음이 없는 시대 속에서 엘리야의 뒤를 이은 엘리사는 선지자의 제자들을 길러내면서 마지막 보루를 지키고 있는 상황입니다. 시대를 책임지기 위한 엘리사의 노력이 이어지고 있는 동안, 북이스라엘은 아람의 침공으로 전쟁에 휩싸이게 됩니다. 엘리사는 하나님으로부터 받은 영감으로 이 전쟁에서 북이스라엘을 구원합니다. 그러나 또다시 침공한 아람군의 포위로 인해 북이스라엘 백성이 어려움에 빠집니다. 아람 군대가 북이스라엘의 수도 사마리아 성을 둘러싸고 있는 이 국가적 위기의 순간에 하나님께서는 엘리사 선지자를 통해 구원의 계획을 알려주시고 놀라운 기적을 통해 그들을 구원해주셨습니다. 그러나 북이스라엘은 하나님의 말씀을 받아들이지 못합니다.

그런가 하면, 남유다에서는 여호사밧의 장자 여호람(요람)이 왕위에 오릅니다. 여호람은 아버지 여호사밧의 선한 길을 따르지 않고, 오히려 북이스라엘의 아합처럼 악한 길로 행하는데, 이는 그가 아합의 딸인 아달랴를 아내로 삼은 것과도 깊은 관계가 있습니다. 아달랴가 남편 여호람과 아들 아하시야의 마음을 움직여 남유다 내에 바알 숭배를 퍼뜨림으로써 북이스라엘의 죄악이 남유다에까지 확대됩니다.

| | |
|---|---|
| **찬양** | 웬일인가 내 형제여 _ 새 찬송가 522장 〈통 269장〉 |
| **나를 위한 기도** | 인생의 길을 밝게도 어둡게도 하시는 분이 하나님이심을 인정하며 주의 말씀에 순종하고 맡기신 사명을 성실히 감당하게 하소서. |
| **공동체를 위한 기도** | 아람의 군대에서 사마리아를 구원해주신 하나님의 능력을 여러 가지 두려움으로 떠는 인생들에게 알리는 교회 공동체가 되게 하소서. |
| **하나님의 마음 알아가기** | |
| **삶으로 실천하기** | |

June
6/16
167

창세기 말라기

## 열왕기하 9~10장

# 예후의 치적과 엘리사

**Tong Point** 엘리사가 보낸 선지자의 제자로부터 기름 부음을 받은 예후는 곧장 아합 가문을 진멸하고 새로운 역사의 전기를 마련합니다.

북 이스라엘의 죄악은 남유다에까지 퍼지고 있었습니다. 아합과 요람으로 이어지는 북이스라엘의 왕조도, 여호람과 아하시야로 이어지는 남유다의 왕조도 하나님의 기대와는 너무도 멀어져가고 있었던 것입니다. 아합 가문에 대한 심판을 예정하신 하나님께서는 엘리사를 통해 선지자의 제자 중 하나를 길르앗 라못으로 보내어 예후에게 기름을 붓게 하십니다. 예후는 즉시 그의 추종자들에 의해 왕으로 선포되었으며, 북이스라엘의 아합 가문을 진멸합니다.

예후의 칼날이 하나님의 심판을 대행하고 있는 가운데, 하나님께서는 또다시 이스라엘에게 새로운 기대를 가져보십니다. 하나님의 손에 의해 새로이 세워진 예후는 북이스라엘의 바알 선지자들을 모두 처단하는 결단과 용기를 보여줍니다. 예후의 이러한 행동은 하나님의 말씀을 성취하는 도구로 하나님께서 보시기에 정직하게 행한 것이었습니다. 그래서 하나님께서는 그의 자손이 4대 동안 이스라엘 왕위를 이을 것임을 약속해주십니다. 하지만 예후는 많은 우상들을 제하기는 했지만 단과 벧엘에 있는 금송아지들은 제거하지 않았습니다. 그래서 북이스라엘 백성은 여전히 여로보암의 죄에서 떠나지 않았습니다.

| | |
|---|---|
| 찬양 | 이 죄인을 완전케 하시옵고 _ 새 찬송가 426장 〈통 215장〉 |
| 나를 위한 기도 | 시대가 악할 때일수록 더욱더 하나님 앞에 나아가 주께서 부어주시는 성령의 능력을 받고 용감하게 살아가게 하소서. |
| 공동체를 위한 기도 | 예후를 세우심으로 북이스라엘 전체가 하나님 앞에 바로 서기를 바라셨던 하나님의 마음을 가슴에 담고 이 시대를 품어가는 공동체가 되게 하소서. |
| 하나님의 마음 알아가기 | |
| 삶으로 실천하기 | |

June

6/17

168

창세기 말라기

## 열왕기하 11~14장

# 요아스의 치적과 여로보암 2세

**Tong Point** 남유다에서는 아달랴에게 빼앗겼던 왕위를 요아스가 되찾고, 북이스라엘은 여로보암 2세 시대를 맞이합니다.

남유다 왕 아하시야가 죽자, 아하시야의 모친 아달랴가 스스로 남유다의 왕이 되어 다윗의 후손들을 진멸하려 합니다. 그러자 아하시야의 누이이자, 제사장 여호야다의 아내였던 여호세바가 아하시야의 아들 요아스를 몰래 빼내어 6년 동안 키웁니다. 아달랴의 통치가 시작된 지 7년째 되는 해, 제사장 여호야다의 주도 아래, 국가의 주도권이 요아스에게로 갑니다. 제사장 여호야다로 인해 남유다는 하나님과의 언약을 새롭게 하며, 퇴락한 성전도 새로 고칠 수 있었습니다. 그러나 제사장 여호야다가 죽자, 남유다는 또다시 타락의 길을 걷게 됩니다. 요아스는 여호야다의 아들 스가랴 선지자가 찾아와 하나님의 말씀을 전하자, 그를 죽이고 맙니다. 그때로부터 일주일 후에 아람 군대가 쳐들어와 남유다를 칩니다. 이는 하나님의 징벌이었습니다. 이후 요아스는 신하들에 의해 죽고, 그의 아들 아마샤가 대신하여 왕이 됩니다.

한편, 북이스라엘은 멸망을 향해 가고 있습니다. 여로보암 2세 시대는 번영했던 시대였으나, 하나님의 정의와 공의가 실현되지 못했던 시대입니다. 이 시대에 하나님께서는 타는 듯한 마음으로 아모스, 호세아, 요나 같은 선지자들을 보내십니다.

| | |
|---|---|
| **찬양** | 비바람이 칠 때와 _ 새 찬송가 388장 〈통 441장〉 |
| **나를 위한 기도** | 인생 역사를 한순간에라도 바꿀 수 있는 분이 하나님이심을 기억하며 늘 두려운 마음으로 하나님을 경외하게 하소서. |
| **공동체를 위한 기도** | 여호야다의 정의로운 혁명을 통해 남유다가 하나님의 말씀에 순종할 수 있었던 것처럼, 온 세상의 교회가 하나님의 말씀에 순종하게 하소서. |
| **하나님의 마음 알아가기** | |
| **삶으로 실천하기** | |

FAMILY WORSHIP 가정예배

# 순종이 낳은 기적

열왕기상 18~22장, 열왕기하 1~14장

**기도**로 예배를 시작하세요.

이 시간, 우리 가정이 모여 하나님께 드리는 이 예배를 기뻐 받아주시고, 예배드리는 가운데 하나님의 마음과 뜻을 깨달아 알 수 있도록 지혜를 주소서.

함께 **찬양**을 부르세요.

"예수 앞에 나오면" 새 찬송가 287장 (통 205장)

성경을 **소리 내어** 함께 읽고 자녀에게 오늘 본문의 **통通 이야기**를 들려주세요.

*열왕기하 5장 1~6절

아람의 군대장관 나아만이 한센병에 걸렸어요. 병을 고치려고 애쓰던 중에 이스라엘에서 포로로 잡혀 온 한 소녀의 말을 듣고 엘리사를 찾아갑니다. 요단 강에 일곱 번 몸을 씻으라는 말에 순종하여 병을 고칠 수 있었습니다.

말씀을 통해 알 수 있는 **하나님의 마음**을 생각하며 함께 마음을 나누어보세요.

- 육신의 연약함이 걱정과 염려가 되는 일이지만 때로는 믿음이 커지는 기회가 되기도 합니다. 우리 가족에게 있었던 연약함이 신앙의 성장에 도움을 준 일이 있었습니까?

- 기적은 순종을 통해 이루어집니다. 소망의 날을 기대하며 우리는 어떤 일에 순종하며 살아야 할까요?

부모가 자녀에게, 자녀가 부모님께 **축복의 말**을 나눕니다.

"말씀 안에서 기적의 사람이 되길 축복합니다."

**함께 기도**하며, 연이어 주님이 가르쳐주신 기도로 예배를 마칩니다.

우리의 연약함과 질고를 대신 지시고 십자가의 사랑으로 깨끗하게 하신 주님을 믿으며, 늘 순종함으로 기적의 삶을 체험하게 해주세요.

June
6/18
169

창세기 말라기

## 아모스 1~5장

# 나라들에 대한 심판 선언

**Tong Point** 아모스는 주변 나라들과 북이스라엘을 향한 하나님의 심판을 선포하며, 사회 안에 정의와 공의를 세울 것을 호소합니다.

북이스라엘의 예후 왕조가 경제적으로 가장 번성했던 때는 여로보암 2세 시절로, B.C.8세기 무렵입니다. 그러나 화려해보이는 정치적, 경제적 성공 내부에는 부익부 빈익빈의 양극화 현상이 극으로 치닫고 있었고, 신앙적으로도 우상숭배가 만연했습니다. 이때 하나님께서는 아모스 선지자를 보내셔서 사회의 정의와 공의가 이렇게 무너져서는 안 된다고 말씀하십니다. 당시 국제상황을 보면, 북이스라엘 북쪽에는 아람, 북동쪽에는 앗수르, 남쪽에는 남유다와 애굽이 있었습니다. 이때 북이스라엘은 영토를 넓게 확장했고, 경제적으로도 크게 번성하였습니다. 그런데 얼마 후면 이 세력의 균형이 깨질 것입니다. 이것은 곧 전쟁이 일어날 것을 의미합니다.

이때 아모스가 북이스라엘을 향해 "서너 가지 죄로 말미암아 내가 그 벌을 돌이키지 아니하리니"(암 1:3)라는 말을 반복적으로 사용하면서 그 죄 때문에 망할 것이라고 선언합니다. 그리고 아모스 2장 6절부터 북이스라엘이 벌을 받는 이유를 열거하기 시작합니다. 은을 받고 의인을 팔며, 신 한 켤레를 받고 가난한 자를 파는 그들의 모습 속에서 하나님의 백성다운 모습은 조금도 찾아볼 수 없었습니다.

| | |
|---|---|
| **찬양** | 온유한 주님의 음성 _ 새 찬송가 529장 〈통 319장〉 |
| **나를 위한 기도** | 온 열방의 죄악된 현실을 좌시하지 않으시는 하나님의 공의로움을 닮아 오늘 나의 삶에서 더러운 죄악의 모습을 끊어내게 하소서. |
| **공동체를 위한 기도** | 아모스가 이미 무너져버렸던 하나님의 정의와 공의를 세우기 위해 헌신했던 것처럼, 교회 공동체가 이 시대 안에서 하나님의 정의와 공의를 세워가게 하소서. |
| **하나님의 마음 알아가기** | |
| **삶으로 실천하기** | |

창세기 말라기

June
6/19
170

## 아모스 6~9장

# 정의를 강물 같이

**Tong Point** 하나님께서는 북왕국의 마지막이 이르렀음을 알려주시며 역사의 단절을 선언하시는 가운데, 또 다른 희망의 시작을 기약하십니다.

아모스는 부자들과 가난한 사람들의 삶을 대조시켜 놓습니다. 이불이 따로 없는 가난한 사람들은 하나뿐인 겉옷을 덮고 자야 하는데 낮에 전당잡힌 겉옷을 찾을 능력이 없어 추위에 고통받고 있습니다. 그런데 부자들은 여름궁, 겨울궁을 따로 지어놓고 상아침대에 누워서 살진 양들을 잡아 요리하고 대접에 포도주를 따라 마시며 비파를 타고 있습니다. 이는 레위기나 신명기에 명시된 약자보호법이 도무지 실현되지 못하고 있는 현실을 극명하게 드러내줍니다.

아모스의 선포를 통해 하나님께서 이스라엘에게 요구하시는 것은 "정의를 물 같이, 공의를 마르지 않는 강 같이 흐르게"(암 5:24) 하는 것입니다. 그러나 북이스라엘은 끝내 공의와 정의를 실현하지 않았고 하나님께서는 단호한 심판을 선언하실 수밖에 없었습니다. 하나님의 말씀을 무시하는 그들로 인해 아모스의 슬픔은 더해만 갔고, 하나님의 마음 또한 타들어 갔습니다. 아모스 9장은 지금까지 아모스가 전했던 모든 예언이 하나도 흩어짐 없이 반드시 이루어질 것이라는 사실을 강조합니다. 하나님께서는 북이스라엘의 벧엘의 제단을 허시고 또한 이방신을 섬기는 자들을 멸망시키겠다고 하십니다.

| | |
|---|---|
| **찬양** | 아침 해가 돋을 때 _ 새 찬송가 552장 〈통 358장〉 |
| **나를 위한 기도** | 나에게 있는 힘을 나의 이기적인 목표를 위해 사용하지 않게 하시고 하나님의 통치 안에서 겸손히 행하게 하소서. |
| **공동체를 위한 기도** | 하나님의 말씀을 듣지 못해 생긴 기갈을 우리 교회 공동체가 말씀을 가르치고 전파하여 해결해 나가기를 원합니다. |
| **하나님의 마음 알아가기** | |
| **삶으로 실천하기** | |

June
6/20
171

창세기 말라기

## 호세아 1~4장

# 호세아의 고멜 사랑 비유

Tong Point 호세아는 음란한 여인 고멜과의 결혼을 통해 북이스라엘을 향하신 하나님의 끊을 수 없는 신실한 사랑을 깨닫게 됩니다.

아모스를 통해 북이스라엘을 호되게 질책하셨던 하나님께서 이제 호세아의 삶을 통해 이스라엘을 향한 사랑을 전하고 계십니다.

선지자 호세아에게 내려진 하나님의 명령은 음란한 여인과 결혼하여 자식들을 낳으라는 것입니다. 이 사건을 시작으로 하나님께서는 호세아를 통해 마음속에 있던 이야기들을 쏟아 놓으십니다. 그러나 이스라엘 백성을 향해 불붙듯 일어나는 하나님의 사랑에도 불구하고 이스라엘은 여전히 죄악과 우상에서 헤어나오지 못하고 있습니다. 북이스라엘 백성은 주변 나라들이 섬기는 신, 곧 바알과 아스다롯을 섬기고 있었습니다. 고멜도 바알 신전을 드나드는 여인이었습니다. 호세아는 이런 고멜과의 관계를 통해서 북이스라엘의 우상숭배를 여실히 보여주었습니다. 음란한 생활로 나아가는 아내 고멜을 향하여 계속 순결한 사랑을 쏟아붓는 호세아를 통해 이스라엘을 향한 하나님의 안타까운 사랑을 알 수 있습니다. 호세아가 고멜에게 보여준 행동은 이스라엘과 결혼한 하나님께서 그들과의 관계를 결코 쉽게 끊을 수 없음에 대한 상징이었습니다.

| | |
|---|---|
| 찬양 | 우리는 주님을 늘 배반하나 _ 새 찬송가 290장 〈통 412장〉 |
| 나를 위한 기도 | 나를 부르시고 사랑하시는 하나님의 깊은 마음을 헤아리게 하시고 언제든 하나님께 나의 마음을 온전히 드리며 살게 하소서. |
| 공동체를 위한 기도 | 호세아가 북이스라엘을 향한 불붙는 하나님의 마음이 어떠한지 보여준 것처럼, 교회 공동체가 온몸으로 하나님의 사랑을 전하게 하소서. |
| 하나님의 마음 알아가기 | |
| 삶으로 실천하기 | |

창세기 말라기

June
6/21
172

## 호세아 5~9장

# 제사보다 사랑을 원한다

**Tong Point** 우상을 숭배하며 하나님께 형식적인 제사를 드리는 백성을 향해 하나님께서는 제사보다 인애를 더 원한다고 말씀하십니다.

이스라엘에 대한 하나님의 심판은 저주가 아니라, 하나님을 아는 지식이 없음에 대한 징계였습니다. 북이스라엘의 지도층들은 자신들의 기득권을 유지하는 일에만 급급합니다. 그럼에도 불구하고 하나님께서는 그들이 진정으로 뉘우치고 하나님의 얼굴을 구하면 다시 돌아오겠다고 하십니다. 마치 고멜의 음행에도 불구하고 또다시 고멜을 아내로 맞이하는 호세아의 모습과 같습니다.

하지만 이스라엘 백성은 하나님의 자비와 은혜를 너무도 당연시 하고 있습니다. 하나님께서 바라시는 것은 변치 않는 사랑이며, 눈에 보이는 제사나 그 무엇이 아닙니다. 이스라엘을 애굽에서 구원해내실 때부터 하나님께서 이스라엘에게 일관되게 요구하신 것은 하나님을 신실하게 사랑하는 것뿐이었습니다. 지금 북이스라엘에 심판이 선언되는 이유도 하나님을 변함없이 사랑하지 못했기 때문입니다. 하나님을 사랑하지 못했기에 이웃을 사랑하지도 못했던 것이요, 우상을 섬겼던 것입니다. 호세아의 마지막 호소가 있고 난 후 얼마 지나지 않아 북이스라엘이 철저하게 망합니다. 앗수르가 내려와서 북이스라엘의 수도 사마리아의 모든 것을 무너뜨리고, 사마리아 사람들을 사방으로 강제이주시킵니다.

| | |
|---|---|
| **찬양** | 자비한 주께서 부르시네 _ 새 찬송가 531장 〈통 321장〉 |
| **나를 위한 기도** | 위기의 때에만 하나님의 이름을 부르며 도움을 구하지 않게 하시고 항상 하나님을 바라보며 의지하기를 소망합니다. |
| **공동체를 위한 기도** | 우리 교회가 형식적인 제사보다 인애를 더 원하시는 하나님의 마음을 깨달아 하나님의 마음을 기쁘시게 하는 공동체가 되기를 원합니다. |
| **하나님의 마음 알아가기** | |
| **삶으로 실천하기** | |

창세기 말라기

June
6/22
173

## 호세아 10~14장

# 여호와께 돌아오라

**Tong Point** 패역한 백성 북이스라엘을 향해 하나님께서는 사랑하는 마음을 드러내시며, 그들이 돌아오기를 다시 한 번 간절히 호소하십니다.

호세아는 북이스라엘이 벌을 받는 이유에 대해 "그들이 두 마음을 품었으니"(호 10:2)라고 말합니다. 그들은 이제 하나님을 두려워하지도 않으며, 하나님을 왕으로 인정하지도 않습니다. 이러한 북이스라엘 백성에게 하나님께서는 "사마리아 왕은 물 위에 있는 거품 같이 멸망할 것"(호 10:7)이라고 선포하십니다. 그러나 패역한 북이스라엘을 향해 그들이 꽃처럼 피게 될 것이라고 말씀하시는 하나님의 사랑의 호소는 하나님의 진심이 어디에 있는지 알게 해줍니다.

이제 북쪽의 앗수르가 점차 그 세력을 키우고, 제국주의를 표방하며 남하정책을 펴기 시작합니다. 곧 남북 간의 세력 균형이 깨지고 이는 전쟁으로 귀결될 것이 분명했습니다. 그 틈에 끼어 있는 북이스라엘은 전쟁에 휩싸일 가능성이 농후한 지리적 조건에 놓여 있는데도, 일시적인 평안 속에서 안주하고 있었습니다. 이때 하나님의 예언자들이 세계의 큰 흐름을 보면서 이들의 어리석음과 죄악을 지적하고 하나님의 마음을 전하였으나, 북이스라엘 백성은 끝내 순종하기를 거부합니다. 결국 여로보암 2세 시대가 끝나자, 북이스라엘은 큰 혼란 속에서 멸망을 향해 급격히 추락해 갑니다.

| | |
|---|---|
| **찬양** | 돌아와 돌아와 _ 새 찬송가 525장 〈통 315장〉 |
| **나를 위한 기도** | 인생 전쟁의 승패가 하나님께 달려 있음을 알며 일평생 하나님과 함께 사랑의 이야기를 써가는 인생 되게 하소서. |
| **공동체를 위한 기도** | 패역한 백성들을 향해 다시 돌아오기를 간절히 호소하시는 하나님의 사랑을 이 민족을 향해 흘려보내는 공동체가 되게 하소서. |
| **하나님의 마음 알아가기** | |
| **삶으로 실천하기** | |

June
6/23
174

창세기 — 말라기

## 요나 1~4장

# 열방을 향한 사랑

**Tong Point** 잘못된 선민의식을 가졌던 요나는 니느웨 사람들의 회개와 그들을 용서하시는 하나님의 사랑을 통해 하나님의 큰 뜻을 깨닫게 됩니다.

북 이스라엘에서 아모스와 호세아가 활동하던 여로보암 2세 때, 선지자 요나에게 하나님의 말씀이 임합니다. 그러나 니느웨로 가라는 하나님의 말씀에 순종하고 싶지 않았던 요나는 니느웨 대신 다시스로 가는 배를 탑니다. 요나가 탄 배는 큰 폭풍을 만나 위험에 빠졌고 그 원인을 제공한 요나가 바다에 던져집니다. 그는 결국 물고기 뱃속에서 삼 일을 보낸 후에야 니느웨로 가게 됩니다. 그런데 요나는 삼 일 길이나 되는 그 큰 성읍 니느웨를 겨우 하루 동안 돌며 하나님의 심판을 외칠 뿐이었습니다. 니느웨를 향한 하나님의 본마음이 '멸망이 아닌 구원'이라는 것을 짐작한 요나는 하나님의 생각을 도무지 이해할 수 없었던 것입니다.

그런데 요나의 성의 없는 외침에도 불구하고 니느웨 사람들이 회개하기 시작하고, 하나님께서는 그들에게 심판의 뜻을 돌이키는 긍휼을 베푸십니다. 이에 요나가 하나님께 불평을 쏟아놓자 하나님께서는 요나에게 열방을 향한 하나님의 마음을 보여주십니다. "하룻밤에 났다가 하룻밤에 말라 버린 이 박넝쿨을 아꼈거든 하물며 이 큰 성읍 니느웨에는 좌우를 분변하지 못하는 자가 십이만여 명이요 가축도 많이 있나니 내가 어찌 아끼지 아니하겠느냐"(욘 4:10~11).

| | |
|---|---|
| **찬양** | 저 죽어가는 자 다 구원하고 _ 새 찬송가 498장 〈통 275장〉 |
| **나를 위한 기도** | 하나님의 부르심 앞에 늘 겸손히 순종하게 하시고 나의 삶이 누군가의 행복의 통로가 되는 복된 인생이 되게 하소서. |
| **공동체를 위한 기도** | 열방을 향한 하나님의 사랑을 깨달아, 우리 교회가 땅끝까지 하나님의 사랑을 전하는 아름다운 공동체가 되게 하소서. |
| **하나님의 마음 알아가기** | |
| **삶으로 실천하기** | |

June
6/24
175

창세기 말라기

## 열왕기하 15~16장

# 북왕국의 쇠락

**Tong Point** 신흥제국 앗수르의 위협이 점점 다가오고 있는 가운데 북왕국 내부에서는 반란이 계속되고, 하나님을 떠난 북왕국은 큰 위기에 처합니다.

북 이스라엘의 여로보암 2세 때에 남유다는 아마샤의 아들 아사랴(웃시야)가 왕이 됩니다. 그는 나라가 강성해지자 마음이 교만해져서, 제사장만이 할 수 있는 향단에 분향하는 일을 성전에 들어가 직접 하려고 합니다. 그 일로 한센병에 걸린 그는 그 후로 죽을 때까지 별궁에 거하였고, 왕자 요담이 왕위를 이어받습니다. 요담은 아버지 웃시야가 남긴 강한 국가를 유지하기 위해 노력하며 하나님 앞에서 정직했으나, 백성들은 여전히 산당에서 제사를 드렸습니다. 그 결과 남유다는 요담 이후, '아하스 시대' 라는 최악의 시기를 맞게 됩니다.

이 무렵, 북이스라엘에서는 여로보암 2세의 뒤를 이은 스가랴가 왕이 된 지 6개월 만에 살룸에 의해 살해됩니다. 이때부터 북이스라엘은 살룸에서 므나헴으로, 베가로 브가히야로, 모반과 배신이 계속되는 혼란의 역사 속에 빠져듭니다. 이후 엘라의 아들 호세아가 베가를 죽이고 왕이 되는데, 그가 바로 북이스라엘의 마지막 왕입니다. 한편, 아람과 동맹을 맺은 북이스라엘이 남유다로 쳐들어올 태세를 취하자 남유다 왕 아하스는 이사야의 반대에도 불구하고 앗수르에게 도움을 구할 계획을 세웁니다.

| | |
|---|---|
| **찬양** | 예수가 우리를 부르는 소리 _ 새 찬송가 528장 〈통 318장〉 |
| **나를 위한 기도** | 하나님께 범죄했을 때 언제든 바로 돌이켜 회개하게 하시고 죄악의 세력들과 타협하지 않게 하소서. |
| **공동체를 위한 기도** | 하나님을 떠난 나라가 얼마나 큰 위기에 처하게 되는지를 기억하며, 오늘날 모든 교회 공동체가 시대를 향한 사명을 잘 감당하게 하소서. |
| **하나님의 마음 알아가기** | |
| **삶으로 실천하기** | |

FAMILYWORSHIP 가정예배

# 하나님을 사랑하는 인생

아모스 1~9장, 호세아 1~14장, 요나 1~4장, 열왕기하 15~16장

**기도로 예배를 시작하세요.**

이 시간, 우리 가정이 모여 하나님께 드리는 이 예배를 기뻐 받아주시고, 예배드리는 가운데 하나님의 마음과 뜻을 깨달아 알 수 있도록 지혜를 주소서.

**함께 찬양을 부르세요.**

"자비한 주께서 부르시네" 새 찬송가 531장 (통 321장)

**성경을 소리 내어 함께 읽고 자녀에게 오늘 본문의 통通 이야기를 들려주세요.**

*호세아 6장 1~6절

호세아는 이스라엘을 향한 하나님의 깊은 사랑을 아는 선지자였습니다. 그래서 그는 시간이 갈수록 더욱 애타는 심정으로 이스라엘 백성에게 외쳤을 것입니다. 죄에서 돌이켜 하나님께로 돌아오라고 말입니다.

**말씀을 통해 알 수 있는 하나님의 마음을 생각하며 함께 마음을 나누어보세요.**

• 우리의 가족들과 친구들의 마음만 알아도 든든합니다. 하물며 하나님의 마음을 안다면 얼마나 복된 인생이 되겠습니까. 우리를 향하신 하나님의 마음에 대해 나누어보세요.

..............................................................................

..............................................................................

• 하나님께서는 인애와 하나님을 아는 것을 바라십니다. 하나님과 이웃을 위해 개인적, 가정적으로 할 수 있는 일들에 대해 나누어보세요.

..............................................................................

..............................................................................

**부모가 자녀에게, 자녀가 부모님께 축복의 말을 나눕니다.**

"힘써 하나님을 아는 인생이 되세요."

**함께 기도하며, 연이어 주님이 가르쳐주신 기도로 예배를 마칩니다.**

우리의 상처 난 영혼을 싸매시고 사랑하시는 하나님의 은혜를 마음에 새기고, 하나님과 이웃을 위해 아름다운 삶을 살게 해주세요.

창세기 말라기

June
6/25
176

## 열왕기하 17장~18:12

# 히스기야의 개혁

**Tong Point** 여로보암의 길로 달려왔던 북왕국 이스라엘은 결국 하나님의 심판을 받아 멸망하고, 남왕국 유다의 히스기야는 개혁을 시작합니다.

B.C. 722년, 호세아가 북이스라엘을 다스린 지 9년째 되던 해에 앗수르 왕이 사마리아로 쳐들어오고 북이스라엘은 멸망합니다. 열왕기하 17장에는 북이스라엘의 마지막 왕 호세아의 이야기와 북이스라엘이 하나님께 심판받은 까닭이 설명되고 있습니다. 그리고 이어지는 열왕기하 18장부터 마지막 25장까지는 북이스라엘의 역사 없이 남은 남유다에 대해서만 기록되어 있습니다. 북이스라엘과 아람을 멸망시킨 앗수르는 맹렬한 기세로 남유다까지 점령하려 합니다. 이런 어려운 시국에 왕위에 오른 히스기야는 먼저 온 나라에 가득한 우상을 제함으로써 하나님과의 관계 회복을 시도합니다.

히스기야의 개혁은 유월절의 부활로 이어집니다. 비록 성결예식을 치른 제사장의 숫자가 부족하고 백성들이 다 모일 수 없어서 행사 시기를 연기하긴 했지만, 하나님께서 이스라엘의 하나님 되심을 재확인하는 유월절 예식을 지킬 수 있었던 것은 모든 백성들에게 큰 기쁨의 사건이었습니다. 백성들은 자신의 성읍에서 온갖 주상과 아세라 목상들을 깨뜨렸고, 히스기야는 제사장과 레위인의 직책을 다시 세워 그들이 전심으로 성전 일에 전력을 다할 수 있도록 제도적 장치를 회복시킵니다.

| | |
|---|---|
| **찬양** | 여러 해 동안 주 떠나 _ 새 찬송가 278장 〈통 336장〉 |
| **나를 위한 기도** | 하나님께서 나를 사랑하시고 구원해주신 은혜를 늘 심비에 새기게 하시고 하나님의 기대에 부응하는 신앙인의 삶이 되게 하소서. |
| **공동체를 위한 기도** | 앗수르에 의해 멸망한 북이스라엘을 보시며 함께 아파하시는 하나님의 마음을 우리 공동체가 깊이 느끼게 하소서. |
| **하나님의 마음 알아가기** | |
| **삶으로 실천하기** | |

June

6/26

177

창세기 — 말라기

## 이사야 1~3장

## 이사야의 소명

**Tong Point** 남유다에 보내진 이사야의 소명은 당시 만연한 사회의 죄악들에서 백성을 돌이키고 하나님의 백성으로 다시 세워가는 것이었습니다.

하나님께서는 기울어가는 남유다의 모습을 바라보시며 이사야를 보내십니다. 이사야 선지자는 당시의 사회적 죄악들을 꼬집으면서, 남유다 백성을 하나님의 백성으로 다시 돌이키고자 자신의 온 일생을 바칩니다.

하나님께서는 소와 나귀도 그 주인을 알고 있건만, 이스라엘 백성은 지금까지 자신들을 돌보아 온 하나님의 사랑을 깨닫지 못하고 외면하고 있다고 한탄하십니다. 남유다에 공의와 정의가 사라져버린 지는 벌써 오래되었고, 그 땅에는 내용이 없는 공허하고 의례적인 종교적 행위만이 있을 뿐이었습니다. 이러한 유다의 죄악을 드러내시며, 동시에 그들의 죄악을 눈과 같이, 양털 같이 희게 씻어주시겠다는 하나님의 선포는 이사야서 전체에 흐르는 메시지입니다. 이사야 선지자는 여호와의 날을 노래합니다. 그날은 교만한 자들이 낮아지는 날이요, 오직 주님만이 시온에서 높임을 받으시는 날입니다. 북이스라엘은 그들의 죄로 말미암아 앗수르에게 멸망하고 이제 혼혈족 사마리아인이 되었습니다. 이제 남유다만 남은 상황에서 이사야가 하나님의 뜻을 전하는 데 혼신의 힘을 다하고 있습니다.

| | |
|---|---|
| **찬양** | 익은 곡식 거둘 지가 _ 새 찬송가 495장 〈통 271장〉 |
| **나를 위한 기도** | 내 삶에서 하나님의 공의와 정의가 사라지지 않게 하시고 귀한 신앙의 내용으로 풍성한 삶이 되게 하소서. |
| **공동체를 위한 기도** | 하나님으로부터 멀어져가는 남유다를 다시 하나님의 백성으로 세워가시기 위해 이사야를 부르셨던 하나님의 열정을 교회 공동체가 함께 품기를 원합니다. |
| **하나님의 마음 알아가기** | |
| **삶으로 실천하기** | |

June
6/27
178

창세기 말라기

## 이사야 4~7장

# 그루터기 비유

Tong Point 하나님께서는 이사야를 통해 '거룩한 씨', '그루터기' 등의 비유로 유다와 예루살렘의 역사를 이어가실 희망의 청사진을 보여주십니다.

이사야는 공의와 정의를 행해야 할 남유다 백성들이 오히려 포학을 행하고 있음을 포도원 비유를 통해 고발합니다. 지금 하나님의 심정은 극상품 포도나무를 심고 정성껏 가꾸었는데 들포도를 얻은 농부와 같은 심정이라는 것입니다. 당시 남유다 주변의 국제 정세는 한 치 앞을 내다볼 수 없을 정도로 큰 혼돈 속에 빠져 있었습니다. 이 혼돈의 가장 큰 이유는 앗수르가 드러내놓고 제국주의를 시작했기 때문입니다. 앗수르는 가장 먼저 아람, 그 다음 북이스라엘, 그리고 남유다를 거쳐 애굽을 정복하려는 계획을 가지고 있습니다. 그러자 아람과 북이스라엘이 앗수르에 대항하는 동맹체를 결성하면서 남유다의 동참을 요청합니다. 하지만 남유다는 그 동맹 제안을 거절했고, 아람과 북이스라엘은 먼저 남유다와의 전쟁을 선포합니다.

위기상황을 감지한 남유다 왕 아하스의 마음과 백성들의 마음이 숲이 바람에 흔들림 같이 흔들립니다. 그때 아하스를 만난 이사야는 하나님의 메시지를 전합니다. 북이스라엘과 아람은 그들의 죄로 말미암아 곧 멸망할 것이므로 두려워하지 말라는 것이었습니다. 그러나 아하스는 이사야의 충고를 듣지 않고 끝내 앗수르에게 도움을 요청할 계획을 세웁니다.

| | |
|---|---|
| 찬양 | 내 주는 강한 성이요 _ 새 찬송가 585장 〈통 384장〉 |
| 나를 위한 기도 | 하나님의 심판은 진멸이 아닌 새롭게 하시기 위함이라는 것을 알게 하시고 하나님 앞에 나아가 회개하며 새 모습으로 변화하게 하소서. |
| 공동체를 위한 기도 | 하나님을 거부하는 자들을 심판하시고 남은 자를 통해 새 역사를 기대하시는 하나님의 마음을 깨닫으며 하나님의 마음을 함께 나누는 공동체가 되게 하소서. |
| 하나님의 마음 알아가기 | |
| 삶으로 실천하기 | |

June
6/28
179

창세기 말라기

## 이사야 8~12장

# 구원에 대한 약속

**Tong Point** 유다의 죄악으로 인해 그들을 멸하겠다고 선언하신 하나님께서 진노의 날이 지난 다음에는 구원의 대로를 준비하겠다고 약속하십니다.

하나님께서는 남유다를 두렵게 하고 있는 아람과 북이스라엘 연합군 때문에 앗수르를 의지하려고 하는 남유다를 향해, 앗수르에 의해 그 두 나라가 멸망할 것이라고 하십니다. 남유다는 이사야를 통해 들려주시는 하나님의 말씀에 귀 기울이지 않습니다. 그러자 하나님께서는 말씀을 믿지 못하는 남유다에게 메시아의 모습에 대한 구체적 예언까지 전해주십니다. 하지만 그들은 하나님을 의지하기보다는 눈에 보이는 앗수르를 의지합니다. 그러자 하나님께서는 앗수르를 향한 심판을 예언하시며 이를 듣는 남유다 백성이 다시 하나님만이 유일한 세계경영자이심을 깨닫고 그분을 의지하기를 원하셨습니다.

이사야 11장에서는 하나님의 아름다운 꿈이 펼쳐집니다. 이리가 어린 양과 함께 살며 송아지와 어린 사자가 함께 노는 곳, 어린 아이가 독사의 굴에 손을 넣어도 상하지 않는 나라, 하나님의 화평이 가득한 나라입니다. 그리고 하나님의 공의로 가득 찬 나라입니다. 하나님께서는 이사야를 통해 앗수르, 애굽, 바드로스, 구스, 엘람, 시날 등의 곳곳에서 고통당하며 억눌려 사는 사람들이 다시 화평을 누리며 살게 되는 그런 나라를 보여주신 것입니다.

| | |
|---|---|
| **찬양** | 기쁜 소리 들리니 _ 새 찬송가 518장 〈통 252장〉 |
| **나를 위한 기도** | 오늘도 나와 함께 동행하시는 임마누엘의 하나님을 만나게 하시고 전심으로 하나님을 신뢰하며 살게 하소서. |
| **공동체를 위한 기도** | 범죄한 백성이지만, 그래도 다시 꿈꾸시는 하나님의 은총을 기억하며 이 땅의 교회 공동체가 하나님의 사명을 잘 감당하게 하소서. |
| **하나님의 마음 알아가기** | |
| **삶으로 실천하기** | |

June
6/29
180

창세기 말라기

## 이사야 13~17장

# 이방 나라들에 대한 경고

**Tong Point** 바벨론과 앗수르, 모압과 아람에 대한 심판을 선포하시는 하나님은 사랑과 공의로 온 세계를 경영하시는 주권자이십니다.

남유다가 하나님 대신 앗수르를 의지하는 것이 하나님에 대한 불순종이었다면, 하나님의 심판 도구로서의 위치를 망각하고 교만히 행한 것이 앗수르의 죄악이었습니다. 하나님께서는 앗수르를 역사에서 사라지게 하겠다고 말씀하십니다. 이를 통해 남유다 백성에게는 하나님의 심판으로 멸망할 앗수르를 의지하지 말고, 오직 심판자이신 하나님만을 신뢰하라고 교훈하시는 것입니다. 하지만 남유다는 끝까지 하나님의 말씀을 믿지 않습니다.

이사야 13장부터 시작된 열방을 향한 심판의 예언은 오직 하나님만이 세계를 경영하시는 주권자임을 강조합니다. 그러나 불순종한 남유다는 하나님의 다스리심을 거부하고 끝내 앗수르를 의지합니다. 남유다의 요청으로 전쟁의 명분을 얻은 앗수르는 마치 정의의 사자라도 된 것처럼 북이스라엘과 아람을 정복합니다. 그리고는 약소국 남유다를 도와준 대가로 엄청난 조공을 요구하며 남유다를 칠 빌미를 만들어 갑니다. 이런 상황에서 아하스는 앗수르의 우상숭배를 본떠와서 예루살렘에 이방신의 제단 모형을 만듭니다. 이렇게 예루살렘과 하나님의 성전을 피폐하게 한 아하스가 죽고, 그 뒤를 이어 아하스의 아들 히스기야가 남유다의 왕이 됩니다.

| | |
|---|---|
| **찬양** | 어려운 일 당할 때 _ 새 찬송가 543장 〈통 342장〉 |
| **나를 위한 기도** | 하나님께서 온 열방의 나라들을 세우시고 또한 심판하시는 분임을 믿으며 내 인생 전체를 하나님께 맡기게 하소서. |
| **공동체를 위한 기도** | 하나님께서 온 세상을 사랑과 공의로 경영하시며 다스리시는 주권자이심을 교회 공동체가 온 세상에 선포하며 알리게 하소서. |
| **하나님의 마음 알아가기** | |
| **삶으로 실천하기** | |

June
6/30
181

창세기 말라기

## 이사야 18~20장

# 애굽과 구스에 대한 경고

**Tong Point** 벌거벗은 선지자 이사야를 통해, 하나님은 애굽이나 구스가 아닌 하나님만을 의지하라고 남유다에 간절히 당부하십니다.

히스기야가 남유다를 다스리고 있던 때에 애굽을 다스리게 된 구스는 앗수르의 남하정책에 정면으로 대응하고자 올라가서 앗수르와의 전쟁을 치릅니다. 이 전쟁에서 승리한 앗수르는 구스 땅이든 예루살렘 땅이든 자신의 강력한 군사력 앞에서 모두 무릎을 꿇게 될 것이라 판단하게 되었습니다. 그러나 하나님께서는 구스 땅을 그들에게 주신 것일 뿐, 예루살렘에는 앗수르가 예물을 가지고 찾아오게 되리라고 말씀하십니다.

하지만 눈에 보이는 국제 정세는 점차 어려운 상황으로 돌아가고, 특히 앗수르는 남유다를 끊임없이 압박해옵니다. 히스기야의 노력에도 불구하고, 지금껏 악한 길로 달려오던 남유다 백성 전체를 새롭게 바꾸는 근본적인 개혁은 쉽게 이루어지지 않습니다. 그러자 히스기야는 애굽과 동맹을 맺어 앗수르를 막아보겠다는 계획을 세웁니다. 이때 하나님께서 히스기야의 친(親)애굽 정책을 막으시고 그 뜻을 온 백성에게 상징적으로 보여주시기 위해, 이사야 선지자에게 벗은 몸으로 3년간 예루살렘을 돌아다니라고 명하십니다. 이사야는 이를 통해 애굽이 앗수르 왕에 의해 벗은 몸과 벗은 발로 끌려갈 것이므로 애굽을 의지하지 말라는 메시지를 전합니다.

| | |
|---|---|
| **찬양** | 온 세상 위하여 _ 새 찬송가 505장 〈통 268장〉 |
| **나를 위한 기도** | 겉보기에 풍요롭고 아름다워 보이는 것도 그 안의 죄악으로 인해 심판의 대상이 됨을 알게 하시고 늘 순전함으로 살게 하소서. |
| **공동체를 위한 기도** | 벌거벗은 이사야까지 동원하셔서, 애굽이나 구스가 아닌 하나님만을 의지하라는 하나님의 간절한 당부를 기억하는 교회 공동체가 되게 하소서. |
| **하나님의 마음 알아가기** | |
| **삶으로 실천하기** | |

# 성경 통通트랙스7 분위기

Atmosphere of BibleTongTracks7

1. **모세 5경** Pentateuch
   하나님의 꿈인 '제사장 나라 set-up'
2. **왕정 500년** 500 years of Monarchy
   왕과 선지자들의 대립과 협력 속에서 제사장 나라
3. **페르시아 7권**
   7 Books during the Persian Empire
   페르시아 제국의 협력 속에서 제사장 나라
4. **신구약 중간사**
   A blank page full of History
   구약성경의 세계화와 유대 분파의 형성
5. **4복음서** The 4 Gospels
   하나님 나라의 set-up
6. **사도행전 30년** 30 years of the Book of Acts
   대제사장들과 사도들의 대립 속에서 하나님 나라
7. **공동서신 9권** The 9 Epistles
   로마 제국의 박해 속에서 하나님 나라

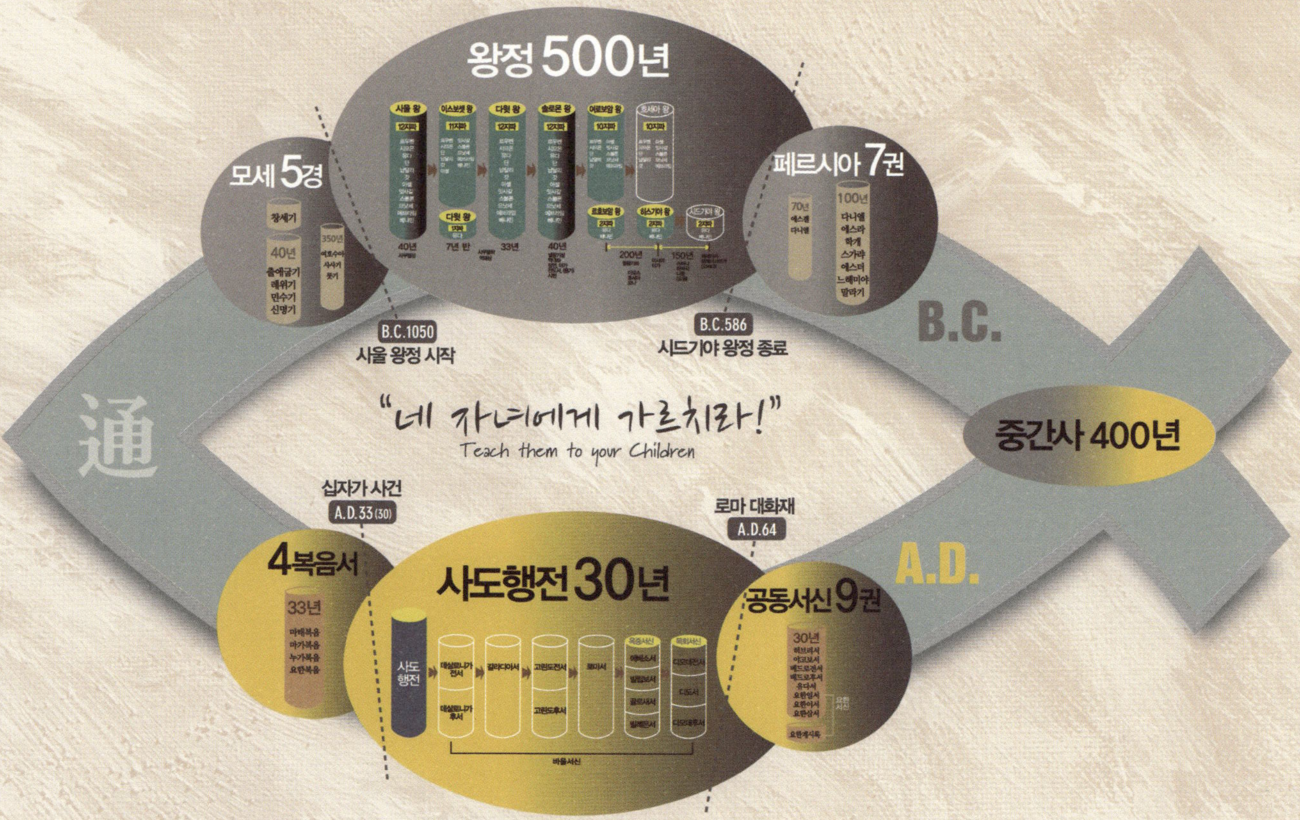


TONGDOKWON